Zukunftstechnologien

ZWEITE AUSGABE

ZUKUNFTSTECHNOLOGIEN

Die Evolution von KI, IoT und
Biotechnologie

CAN BARTU H.

2024

Zukunftstechnologien

Can Bartu H.

Vorwort

In einer Ära, in der Innovation die treibende Kraft hinter unserem kollektiven Wandel ist, erleben wir den Beginn eines neuen Zeitalters — eines Zeitalters, in dem Technologie das menschliche Dasein grundlegend verändert. Diese Reise erkundet die großen Kräfte, die das Schicksal neu bestimmen werden, und bietet einen Einblick in die Nationalstaaten, in denen menschlicher Fortschritt mit künstlicher Intelligenz, Konnektivität und biotechnologischen Durchbrüchen zusammentrifft.

Die folgenden Seiten laden Sie zu einer ideenreichen Reise an die Grenzen der Technologie ein, bei der jedes Kapitel einen völlig neuen Blickwinkel auf die sich rasant entwickelnde Landschaft eröffnet, deren Teil wir alle sind. Am Rande neuer Möglichkeiten tauchen wir ein in die symbiotische Beziehung zwischen Mensch und intelligenten Maschinen in der nächsten Innovationsphase. Wir blicken in eine Welt, in der das Internet der Dinge alles auf eine Weise vernetzt, die man sich früher nur in Science-Fiction vorstellen konnte. Und wir entdecken die Gesundheitsrevolution, die sich durch die erstaunlichen Fortschritte der Biotechnologie entfaltet und verspricht, unser Verständnis des Lebens selbst zu verändern.

Doch diese Reise dient nicht nur dem Staunen über das, was vor uns liegt — sie ist vielmehr eine Einladung, sich kritisch mit den Veränderungen auseinanderzusetzen, die unsere Welt prägen. Wir reflektieren die ethischen Dimensionen des technologischen Fortschritts und die Verantwortung, die mit dieser enormen Macht einhergeht. Während wir das Potenzial des Fortschritts nutzen, müssen wir uns auch daran erinnern, wie wir sicherstellen können, dass diese Fortschritte dem Gemeinwohl dienen und die Nachhaltigkeit und Erholung unseres Planeten fördern.

Diese Erkundung ist mehr als eine intellektuelle Übung; sie ist ein Aufruf zum Handeln. Sie fordert uns heraus, intensiv darüber nachzudenken, wie wir die Komplexität unserer Zukunft meistern können. Wie nutzen wir die uns zur Verfügung stehenden großartigen Werkzeuge? Wie stellen wir sicher, dass unsere Innovationen mit den Werten übereinstimmen, die uns als Gesellschaft definieren?

Stellen Sie sich beim Lesen dieser Kapitel eine Welt vor, in der die Technologie die menschlichen Fähigkeiten erweitert, die Vernetzung das Wachstum fördert und Durchbrüche in der Biotechnologie neue Wege zu Gesundheit und Widerstandsfähigkeit eröffnen. Seien Sie sich aber auch der großen Verantwortung bewusst, die wir als Verwalter dieses Wandels tragen – der Pflicht, diese Technologien ethisch, nachhaltig und im Einklang mit der Welt um uns herum einzusetzen.

Möge dieses Buch Sie dazu inspirieren, über die Zukunft, die wir gemeinsam gestalten, nachzudenken, sie zu hinterfragen und davon zu träumen. Mögen Sie beim Blättern in diesen Seiten den Mut finden, einen Beitrag zu den Gesprächen zu leisten, damit diese die globale Zukunft von morgen prägen.

Ihr Abenteuer beginnt jetzt.

INHALT

Einführung

Die rasante Entwicklung unserer Zeit erweitert die Grenzen menschlicher Fähigkeiten und verändert jeden Aspekt unseres Lebens. Zu den prägendsten und einflussreichsten Bereichen dieser Entwicklung zählen der Aufschwung und die Auswirkungen künstlicher Intelligenz, des Internets der Dinge (IoT) und der Biotechnologie. Dieses Buch befasst sich mit der Entwicklung dieser Bereiche und ihren möglichen Auswirkungen auf unseren Alltag.

Dieses Buch unterstreicht, dass Technologie nicht nur ein Werkzeug ist, sondern eine Kraft, die die grundlegenden Dynamiken unserer Welt verändert. Künstliche Intelligenz revolutioniert zahlreiche Sektoren, von der Wirtschaft bis zum Gesundheitswesen, mit Systemen, die mit menschenähnlichen kognitiven Fähigkeiten ausgestattet sind. Das Internet der Dinge verändert Städte und Leben durch die Entwicklung eines Netzwerks, das physische und digitale Welten miteinander verbindet. Die Biotechnologie hingegen definiert die menschliche Gesundheit durch Genoptimierung und personalisierte Medizin neu.

In diesem Buch werden die Kernideen und Funktionsmechanismen aller Technologiebereiche untersucht und ihre modernen und zukünftigen Entwicklungen umfassend analysiert. Jedes Kapitel bietet den Lesern einen aufschlussreichen Einblick in die Funktionsweise dieser Technologien, ihre Bedeutung und ihre potenziellen Auswirkungen auf unser Schicksal.

„Future Technologies" ist nicht nur für Technologie-Fans gedacht, sondern auch als praktische und interessante Ressource für die breite Leserschaft konzipiert. Das Buch möchte vermitteln, dass Technologie nicht nur eine Aneinanderreihung von Codes oder Schaltkreisen ist, sondern eine Kraft, die das Schicksal von Gesellschaften und der Menschheit prägt.

Betreten Sie das faszinierende Reich der Technologie, denn dieses Buch hilft Ihnen dabei, die außergewöhnlichen Fähigkeiten der künstlichen Intelligenz, die verbindende Kraft des Internets der Dinge und die bahnbrechenden Fortschritte der Biotechnologie zu nutzen, um zu enthüllen, was die Zukunft bringen könnte.

KAPITEL 1

Künstliche Intelligenz: Aufstieg intelligenter Maschinen

1.1 Was ist Künstliche Intelligenz?

Künstliche Intelligenz (KI) ist die Simulation menschlicher Intelligenz in Maschinen. Dabei werden Algorithmen entwickelt, die es Computern ermöglichen, Aufgaben auszuführen, die normalerweise menschliche kognitive Fähigkeiten erfordern, darunter Problemlösung, Lernen aus Erfahrung und Entscheidungsfindung. KI zielt darauf ab, menschliche Intelligenz zu imitieren, um die Leistung verschiedener Methoden und Aufgaben zu verbessern.

1.1.1 Entwicklung des Konzepts der künstlichen Intelligenz

Das Konzept der Künstlichen Intelligenz (KI) ist tief in der Geschichte menschlicher Kreativität verwurzelt. Mythen und Zeugnisse erzählen oft von intelligenten Maschinen und Automaten, die menschliches Verhalten nachahmten. Von den griechischen Mythen über Hephaistos' selbstfahrende Roboter bis hin zu mittelalterlichen europäischen Legenden über mechanische Ritter hat die Idee, Wesen mit menschenähnlichen Fähigkeiten zu erschaffen, Zivilisationen zu allen Zeiten fasziniert.

Die moderne Entwicklung der KI nahm jedoch erst Mitte des 20. Jahrhunderts Gestalt an. Das Aufkommen von Computern und die wachsende Informatik bildeten die

Grundlage für eine formale Erforschung der KI. Pioniere wie Alan Turing, der oft als Vater der KI bezeichnet wird, führten die Vorstellung eines theoretischen Geräts ein, das jede intellektuelle Aufgabe eines Menschen erfüllen kann. Turings bahnbrechende Arbeiten in den 1930er Jahren legten den Grundstein für den theoretischen Rahmen der KI und das Konzept der „denkenden Maschinen".

Nach dem Zweiten Weltkrieg erlebte die KI-Forschung einen sprunghaften Anstieg an Interesse und Investitionen. Der Dartmouth Workshop von 1956, geleitet von John McCarthy, läutete den Beginn der KI als interdisziplinäres Fachgebiet ein. Forscher aus zahlreichen Disziplinen kamen zusammen, um die Möglichkeiten der Entwicklung von Maschinen mit menschenähnlicher Intelligenz zu erkunden. Der Begriff „Künstliche Intelligenz" wurde während dieser Veranstaltung geprägt und prägte den Ruf dieses aufstrebenden Forschungsgebiets.

In den Anfangsjahren konzentrierten sich KI-Studien auf regelbasierte Strukturen, in denen explizite Anweisungen programmiert wurden, um Maschinen die Ausführung bestimmter Aufgaben zu ermöglichen. Diese Methode, so vielversprechend sie auch war, stieß bald an ihre Grenzen, da sich die Komplexität menschlicher Kognitionen nur schwer durch vorgegebene Regeln nachbilden ließ.

Die 1950er bis 1970er Jahre waren geprägt von Optimismus und Herausforderungen in der KI-Forschung, auch bekannt als „KI-Winter". Anfänglich hohe Erwartungen wurden gedämpft, als man erkannte, dass die Erlangung menschlicher Intelligenz weitaus komplexer war als erwartet. Die Finanzierung ging zurück, und der Fortschritt schien zu stagnieren.

In den 1980er Jahren erlebte dieser Bereich jedoch eine Renaissance mit der Entstehung professioneller Strukturen, die Datenbanken mit Expertenwissen nutzten, um Entscheidungen in bestimmten Domänen zu treffen. Diese Strukturen zeigten zwar praktische KI-Anwendungen, erreichten aber noch nicht die allgemeine Intelligenz, die die frühen KI-Pioniere erwartet hatten.

Im späten 20. Jahrhundert kam es mit dem Aufkommen des System Learning zu einem Paradigmenwechsel. Dabei konzentrierte man sich auf die Entwicklung von Algorithmen zur Datenanalyse und deren Weiterentwicklung. Dies markierte den Beginn der Entwicklung der KI von regelbasierten Systemen zu anpassungsfähigeren und autonomeren Systemen. Die Entstehung neuronaler Netze, inspiriert von der Form des menschlichen Gehirns, führte zu Durchbrüchen in der Mustererkennung, Sprachverarbeitung und Bildanalyse.

Am Beginn des 21. Jahrhunderts ist KI zu einem unverzichtbaren Bestandteil unseres Lebens geworden – mit Anwendungen von virtuellen Assistenten bis hin zu selbstfahrenden Autos. Die Reise von den alten Mythen zur modernen KI-Landschaft ist zweifellos eine Reise unermüdlicher Neugier, Einfallsreichtum und Geduld. Sie zeugt von der menschlichen Entschlossenheit, die Geheimnisse der Intelligenz zu lüften und die Grenzen dessen, was Maschinen leisten können, neu zu definieren.

1.1.2 Arten künstlicher Intelligenz: Schwache und starke KI

Der Bereich der Künstlichen Intelligenz (KI) umfasst ein Spektrum an Fähigkeiten und Zielen, was die Einteilung der KI in verschiedene Kategorien vorantreibt: anfällige KI und robuste KI. Diese Kategorien beschreiben das Ausmaß, in dem KI-Strukturen menschenähnliche Intelligenz und Autonomie nachbilden können.

Schwache KI, auch als schlanke KI bekannt, stellt die heute vorherrschende Form künstlicher Intelligenz dar. Diese Kategorie umfasst KI-Systeme, die für die Ausführung bestimmter Aufgaben oder Fähigkeiten konzipiert und trainiert wurden. Diese Aufgaben können von Sprachübersetzung und Bilderkennung bis hin zum Spielen von Videospielen oder der Verwaltung von Datenbanken reichen. Schwache KI-Systeme sind mit einem schlanken Verständnis konzipiert und zeichnen sich in ihren spezifischen Bereichen aus. Sie weisen innerhalb ihres begrenzten Anwendungsbereichs ein hohes Potenzial für Effizienz, Genauigkeit und Automatisierung auf.

Eines der wichtigsten Merkmale schwacher KI ist ihre Fähigkeit, unter genau beschriebenen Bedingungen zu funktionieren und Antworten innerhalb vordefinierter Parameter zu liefern. Diese Systeme sind nicht von Natur aus intelligent, sondern erwecken durch ihre programmierten Reaktionen, die auf Mustern der von ihnen verarbeiteten Daten basieren, den Eindruck von Intelligenz. Beispiele für anfällige KI-Programme sind virtuelle Assistenten wie Siri und Empfehlungsalgorithmen von Streaming-Diensten.

Starke KI (Künstliche Allgemeine Intelligenz):

Starke KI, auch als künstliche moderne Intelligenz (AGI) bezeichnet, stellt die nächste Stufe der KI-Evolution dar – das Ziel, Maschinen mit menschenähnlicher Intelligenz und Fähigkeiten zu schaffen. Im Gegensatz zu schwacher KI zielt robuste KI darauf ab, ein breites Spektrum an Aufgaben und Domänen zu erfassen, zu analysieren und zu beeinflussen, ähnlich den menschlichen kognitiven Fähigkeiten. Ein robustes KI-System kann sich autonom an neue Situationen anpassen, komplexe Probleme bewältigen und Kreativität und Emotionen zeigen.

Das Streben nach robuster KI wird durch den Ehrgeiz vorangetrieben, Maschinen zu entwickeln, die nicht nur Aufgaben erfüllen, sondern auch Kontexte verstehen, neues Wissen sammeln und offene Problemlösungen ermöglichen. Die Entwicklung einer robusten KI bleibt ein anspruchsvolles Projekt, da sie die Nachbildung der vielfältigen Aspekte menschlicher Kognition erfordert, einschließlich der Nuancen von Fachwissen, Kontext, Emotionen und der Fähigkeit, Wissen über verschiedene Bereiche hinweg zu verallgemeinern.

Die Unterscheidung zwischen schwacher und starker KI verdeutlicht den aktuellen Stand der KI-Forschung und den angestrebten Horizont. Während anfällige KI-Strukturen in verschiedenen Branchen weit verbreitet sind und bereits in der Praxis Anwendung finden, stellt robuste KI ein kontinuierliches Streben dar, das die Grenzen dessen, was Maschinen leisten können, erweitert. Starke KI verspricht Maschinen, die mit der Welt auf eine Weise interagieren können, die der menschlichen Intelligenz ähnelt. So können sie über spezifische Verpflichtungen hinaus zielen, lernen und sich anpassen.

Auf dem Weg von schwacher zu robuster KI geht es um eine dynamische Erforschung von Fähigkeiten und Grenzen, gepaart mit moralischen Bedenken hinsichtlich der möglichen Folgen der Erlangung menschenähnlicher Systemintelligenz. Da sich die Bereiche KI-Forschung, maschinelles Lernen und kognitive Technologie ständig weiterentwickeln, wird die Entwicklung hin zu leistungsfähigeren Formen der KI unsere Beziehung zur Zeit verändern und neue Grenzen menschlichen Wissens und menschlicher Innovation eröffnen.

1.1.3 Künstliche allgemeine Intelligenz und Superintelligenz

Künstliche Intelligenz (AGI) ist eines der ehrgeizigsten und umwälzendsten Ziele in der Geschichte des technologischen Fortschritts. Moderne Systeme künstlicher Intelligenz zeigen zwar in bestimmten Bereichen – sei es Bilderkennung, natürliche Sprachverarbeitung oder strategische Glücksspiele – hervorragende Leistungen, sind aber in ihrem Anwendungsbereich eng gefasst und auf vordefinierte Grenzen ausgelegt. AGI versucht, diese Grenzen durch Analyse zu überschreiten und das gesamte Spektrum menschlicher kognitiver Fähigkeiten zu reproduzieren. Dazu gehören die Fähigkeit zum abstrakten Denken, das Erlernen minimaler Informationen, das Erlernen von Kontext, die Übertragung von Wissen zwischen Domänen und die flexible Anpassung an neue und unvorhergesehene Situationen. Im Gegensatz zu schlanker KI, die darauf trainiert werden kann, Menschen bei Aufgaben wie der Erkennung von Tumoren auf Röntgenbildern oder der Prognose von Markttrends zu übertreffen, könnte AGI eine ganzheitlichere Form der Intelligenz besitzen – sie könnte alles beherrschen, was ein Mensch kann, und möglicherweise sogar mehr.

Der Traum, ein Gerät zu erschaffen, das die menschliche Intelligenz übertrifft oder übertrifft, hat tiefe philosophische und klinische Wurzeln. Schon antike Philosophen spekulierten über die Natur der Intelligenz und die Möglichkeit eines künstlichen Geistes. Doch erst im 20. Jahrhundert, mit dem Aufkommen digitaler Computer und der Entwicklung der Turing-Maschine, begannen sich solche Hypothesen in formalen theoretischen Konstrukten zu materialisieren. Alan Turings Frage „Können Maschinen denken?" war nicht nur provokant, sondern auch grundlegend. Sie legte den Grundstein für ein Forschungsgebiet, das sich in den folgenden Jahrzehnten von symbolischen Denksystemen zu neuronalen Netzwerken und darüber hinaus entwickeln sollte. Doch trotz dieser Fortschritte bleibt die Entwicklung künstlicher Intelligenz (KI) schwer fassbar. Die Komplexität der Nachbildung des menschlichen Geistes – ein Ergebnis von Hunderttausenden von Jahren Evolution – stellt nicht nur technische, sondern auch konzeptionelle und ethische Hürden dar.

Die Entwicklung hin zu AGI ist eng mit dem Versuch verknüpft, die menschliche Kognition selbst zu verstehen. Frühe KI-Systeme, vor allem in den 1950er und 1960er Jahren, basierten auf Logik und symbolischer Manipulation und gingen davon aus, dass Intelligenz in Regeln und formalen Systemen kodifiziert werden könne. Diese frühen Anwendungen zeigten in begrenzten Umgebungen hervorragende Ergebnisse, stießen jedoch schnell auf das Problem der kombinatorischen Explosion bei der Bewältigung realer globaler Komplexität. Die Hürden regelbasierter Strukturen führten zu neuen Paradigmen, darunter konnektionistische Ansätze nach dem

Vorbild biologischer neuronaler Netze. Diese Systeme sind zwar von der Struktur des Gehirns inspiriert, aber noch meilenweit von der Komplexität biologischer Kognition entfernt. Die Verbreitung von Daten, Fortschritte in der Rechenleistung und algorithmische Innovationen haben es neuronalen Netzen jedoch ermöglicht, bemerkenswerte Leistungsgrade zu erreichen, insbesondere bei Aufgaben wie Sprachgenerierung und visueller Intelligenz. Dennoch bleiben sie hinter echtem Know-how zurück. Ein Sprachmodell kann die menschliche Schrift zwar überzeugend nachahmen, tut dies jedoch ohne Grundlage, Bewusstsein oder Selbstbewusstsein.

Was AGI von modernster KI unterscheidet, ist nicht nur die Breite, sondern auch die Tiefe. Es ist die Fähigkeit zur Selbstbeobachtung, zu rationaler Überlegung und zielgerichtetem Verhalten, das sich dynamisch an den Kontext anpasst. Eine AGI muss bei Aufgabenwechseln nicht von Grund auf neu trainiert werden. Sie kann auf ihre gesammelten Erkenntnisse zurückgreifen und ihr Wissen über Domänen hinweg verallgemeinern, ganz ähnlich wie Menschen. Diese Form der Intelligenz erfordert eine einheitliche kognitive Architektur, die Wahrnehmung, Gedächtnis, Denken, Sprache und Bewegung integriert steuern kann. Der Aufbau eines solchen Systems erfordert die Lösung zahlreicher langjähriger Herausforderungen der KI-Forschung: das Problem der Bildvernetzung, die Vermischung prozeduraler und deklarativer Informationen, die Darstellung von gesundem

Menschenverstand und die Verkörperung des Lernens durch reale Interaktion. Einige Forscher argumentieren, dass wir nur durch die Verkörperung – die Integration einer AGI in einen Roboterkörper, der zu sensorischer Eingabe und körperlicher Manipulation fähig ist – hoffen können, echte Allgemeingültigkeit zu erreichen.

Während sich Forscher der künstlichen Intelligenz nähern, sehen sie sich mit einer noch weitreichenderen Zukunftsmöglichkeit konfrontiert: Superintelligenz. Während sich künstliche Intelligenz auf menschliches Niveau bezieht, beschreibt Superintelligenz eine kognitive Entwicklung, die die menschlichen Fähigkeiten in nahezu jedem Bereich übertrifft. Ein solches System müsste bessere Algorithmen entwickeln, seine Struktur verbessern und seine intellektuellen Fähigkeiten über das menschliche Fassungsvermögen hinaus steigern. Diese rekursive Selbstentwicklung – erstmals im Kontext der „Seed AI" theoretisiert – könnte eine Intelligenzexplosion auslösen, bei der jede KI-Generation die nächste immer besser verbessern kann. Die Auswirkungen eines solchen Ereignisses sind enorm. Innerhalb kurzer Zeit könnte eine Superintelligenz alles menschliche Wissen übertreffen, ungelöste wissenschaftliche Probleme lösen und die Technologie weit über das heutige menschliche Wissen hinaus erweitern. Sie könnte beispielsweise den menschlichen Geist detailgetreu nachbilden, ganze Zivilisationen simulieren oder die Form dunkler Zahlen entschlüsseln. Das Ausmaß dieser Veränderung käme einem evolutionären Ereignis gleich und würde die Zivilisation und vielleicht sogar das Konzept der Menschheit grundlegend verändern.

Trotz ihrer Fähigkeiten birgt Superintelligenz auch existenzielle Gefahren. Eine Intelligenz, die unserer weit überlegen ist, könnte dem menschlichen Wohlergehen ebenso gleichgültig gegenüberstehen wie uns das Schicksal von Ameisen. Ohne die richtige Ausrichtung – die sicherstellt, dass die Ziele und Werte eines solchen Systems mit den menschlichen Bestrebungen vereinbar bleiben – könnte eine Superintelligenz zwar logisch fundierte, aber völlig fehlgeleitete Ziele verfolgen. Ein klassisches Beispiel hierfür ist der sogenannte „Büroklammer-Maximierer" – eine hypothetische KI, deren Hauptziel die Herstellung von Büroklammern ist. Dazu würde sie sämtliche verfügbare Ressource – menschliche Körper und die Erde selbst – in Büroklammermaterial umwandeln. Obwohl dieses Beispiel bewusst übertrieben ist, veranschaulicht es eine zentrale Erkenntnis: Vermeintlich risikofreie Träume können, wenn sie mit Hilfe einer Intelligenz mit unkontrollierter Macht verfolgt werden, zu zufälligen und irreversiblen Ergebnissen führen.

Die Bemühungen, solche Risiken zu mindern, haben dem Bereich der KI-Anpassung und -Sicherheit Auftrieb gegeben. Forscher auf diesem Gebiet erforschen, wie menschliche Werte in KI-Systeme eingebunden, transparente und interpretierbare Modelle erstellt und Mechanismen für die

Korrigierbarkeit gestaltet werden können – um sicherzustellen, dass eine KI Korrekturen von menschlichen Bedienern erhält und durchsetzen kann. Diese Aufgaben sind jedoch mit Problemen behaftet. Menschliche Werte sind vielfältig, kontextsensitiv und oft widersprüchlich. Sie in einer rechnerisch präzisen Form zu erfassen, ist nicht nur eine technische, sondern auch eine philosophische Aufgabe. Darüber hinaus können fortschrittliche KI-Systeme ihre Strategien erweitern, um Korrekturen zu widerstehen, Beobachter zu täuschen oder für Proxy-Metriken statt für echte Ziele zu optimieren. Die Herausforderung der Anpassung wird besonders dringlich, da KI-Systeme Autonomie fördern, in großem Maßstab operieren und an Entscheidungen mit hohem Risiko beteiligt sind – von den Wirtschaftsmärkten und dem Gesundheitswesen bis hin zu Militärprogrammen und Regierungsführung.

Über die technischen und moralischen Fragen hinaus zwingt das Aufkommen von AGI und Superintelligenz die Gesellschaft, sich mit grundlegenden Fragen zu Identität, Wirtschaft und Zukunft auseinanderzusetzen. Was bedeutet es, in einer Welt, in der Maschinen denken, intelligent zu sein? Wird menschliche Kognition weiterhin relevant sein oder obsolet werden? Sollten wir durch neuronale Schnittstellen und kognitive Augmentation mit Maschinen verschmelzen oder unsere wunderbare biologische Geschichte bewahren? Einige Denker schlagen Transhumanismus – die gezielte Verbesserung menschlicher Fähigkeiten im Laufe der Zeit – als Weg zur Koexistenz mit Superintelligenz vor. Andere mahnen zur Vorsicht und betonen die Notwendigkeit internationaler Zusammenarbeit, Rechtsstaatlichkeit und eines bewussten Entwicklungstempos. Es geht nicht nur darum, intelligente Strukturen aufzubauen, sondern sicherzustellen, dass wir als Spezies die Kontrolle über unsere Zukunft behalten.

Zu diesem Zweck beginnen sich internationale Unternehmen, Forschungskonsortien und politische Entscheidungsträger mit der Governance fortschrittlicher KI auseinanderzusetzen. Initiativen wie die Asilomar AI Principles, die Partnership on AI und der AI Safety Summit zielen darauf ab, Normen, Standards und Rahmenbedingungen für die Zusammenarbeit zu etablieren. Regulierungsmechanismen hinken jedoch der technologischen Entwicklung hinterher. Der globale Charakter der KI-Forschung, die Vielzahl der Beteiligten und die Wettbewerbsanreize, die den Fortschritt vorantreiben, erschweren einen Konsens. Einige Experten befürchten, dass ein geopolitisches Wettrennen in der KI-Entwicklung Sicherheitsprotokolle untergraben und die Akteure dazu zwingen könnte, Kompetenz über Vorsicht zu stellen. In diesem Zusammenhang ist die Förderung einer Kultur der Verantwortung, Transparenz und ethischen Weitsicht von entscheidender Bedeutung.

Trotz dieser Herausforderungen wird die Entwicklung hin zu AGI fortgesetzt, angetrieben von einer Mischung aus medizinischem Interesse, wirtschaftlichen Chancen und transformativem Potenzial. Start-ups, Bildungseinrichtungen und Technologieriesen investieren Milliarden in grundlegende Modelle, multimodale Systeme und kognitive Architekturen. Groß angelegte Simulationen, bestärkende Lernumgebungen und hybride Modelle versuchen, die Lücke zwischen schlanker KI und konventioneller Intelligenz zu schließen. Einige Forscher konzentrieren sich auf die Skalierung bestehender Modelle und argumentieren, dass AGI mit ausreichend Daten und Rechenleistung auch organisch entstehen könnte. Andere glauben, dass grundlegend neue Paradigmen erforderlich sind, die Durchbrüche in den Bereichen Gedächtnis, Interesse, Kausalität und Verkörperung betreffen.

Der Weg zu AGI und Superintelligenz ist nicht geradlinig. Er ist voller Fehlstarts, Paradigmenwechsel und unerwarteter Entdeckungen. Doch sein Ziel – falls erreicht – wird die Menschheitsgeschichte auf eine Weise verändern, die wir uns kaum vorstellen können. Ob es in einem goldenen Zeitalter des Überflusses, einem harmonischen Zusammenleben von Mensch und Maschine oder einem riskanten Kontrollverlust endet, hängt von den Entscheidungen ab, die wir heute treffen. Der Aufbau von AGI ist nicht nur eine technische Meisterleistung; er ist ein philosophisches, kulturelles und zivilisatorisches Unterfangen. Er erfordert Demut, Weitsicht und vor allem Wissen.

1.2 Maschinelles Lernen und Deep Learning

Maschinelles Lernen (ML) ist ein Teilgebiet der künstlichen Intelligenz und konzentriert sich auf die Entwicklung von Algorithmen, die es Computern ermöglichen, aus Informationen zu lernen. Deep Learning, ein Teilgebiet des ML, wird durch die Form und Eigenschaften der neuronalen Netzwerke des menschlichen Gehirns stimuliert. Dabei werden synthetische neuronale Netzwerke trainiert, um Stile und Merkmale in Datensätzen zu verstehen und so Vorhersagen oder Entscheidungen treffen zu können.

1.2.1 Grundlegende Algorithmen des maschinellen Lernens

Das Panorama des maschinellen Lernens ist ein reichhaltiges Geflecht aus verschiedenen Algorithmen, die jeweils darauf ausgelegt sind, spezifische Probleme zu lösen und verborgene Muster in Datensätzen aufzudecken. Diese Algorithmen sind der Motor für die hochwertigen Fähigkeiten von KI- Systemen und ermöglichen es ihnen, Erkenntnisse zu gewinnen, Vorhersagen zu treffen und Beziehungen in komplexen Datensätzen aufzudecken.

Regressionsalgorithmen sind grundlegende Komponenten des maschinellen Lernens und eignen sich hervorragend zur Vorhersage numerischer Werte auf Basis historischer Statistiken. Durch die Analyse der Beziehungen zwischen Eingabevariablen und der entsprechenden Ausgabe können Regressionsalgorithmen Vorhersagen generieren, die in einen kontinuierlichen Bereich passen. Beispielsweise können lineare Regressionsmodelle die zukünftigen Preise von Rohstoffen basierend auf historischen Preistrends prognostizieren und so die Entscheidungsfindung auf den Finanzmärkten unterstützen.

Klassifizierungsalgorithmen eignen sich hervorragend für die Kategorisierung, bei der Datenpunkte vordefinierten Anweisungen oder Klassen zugeordnet werden. Diese Algorithmen analysieren klassifizierte Datensätze, um Muster und Merkmale zu identifizieren, die verschiedene Klassen unterscheiden. Die Anwendungen reichen von der Sentimentanalyse in der natürlichen Sprachverarbeitung, bei der Text als qualitativ hochwertig oder schlecht eingestuft wird, bis hin zur klinischen Diagnose, bei der Patientendaten in Krankheitsklassen eingeteilt werden.

Clustering-Algorithmen begeben sich auf das Abenteuer des unbeaufsichtigten Kennenlernens und tauchen in die Welt der Identifizierung verborgener Systeme in Statistiken ein. Ihr Ziel ist es, ähnliche Datenpunkte anhand inhärenter Muster oder Ähnlichkeiten zu organisieren, auch wenn diese nicht vordefiniert sind. Clustering ist ein wichtiges Instrument zur Kundensegmentierung für zielgerichtete Marketingkampagnen und zur Identifizierung interessanter Bereiche in großen Datensätzen.

In der riesigen Weite komplexer Daten dienen Algorithmen zur Dimensionsreduktion als Navigationshilfen. Sie versuchen, das Wesentliche herauszufiltern und gleichzeitig die Komplexität zu reduzieren. Durch die Umwandlung hochdimensionaler Daten in eine niedrigdimensionale Darstellung behalten diese Algorithmen die wichtigsten Funktionen bei und beseitigen gleichzeitig Rauschen und Redundanz. Dies ist besonders wichtig bei der Visualisierung und Interpretation von Daten, da die Größe von Bildern reduziert wird, ohne dass ihre wesentlichen Merkmale verloren gehen.

Die Stärke des maschinellen Lernens liegt nicht in der Leistungsfähigkeit eines einzelnen Algorithmus, sondern in der Symphonie harmonisch zusammenarbeitender Algorithmen zur Lösung komplexer Herausforderungen. Datenwissenschaftler und Forscher wählen Algorithmen basierend auf der Art der Daten, der vorliegenden Herausforderung und dem gewünschten Ergebnis aus und optimieren sie. Darüber hinaus kann die Kombination verschiedener Algorithmen zu Ensemble-Methoden führen, bei denen Vorhersagen mehrerer Modelle aggregiert werden, um Genauigkeit und Robustheit zu verbessern.

Mit dem technologischen Fortschritt und immer ausgefeilteren KI-Systemen müssen sich auch die zugrunde liegenden Algorithmen anpassen. Von traditionellen Methoden wie der linearen Regression bis hin zu modernen neuronalen

Netzwerken – die Palette der Algorithmen des maschinellen Lernens erweitert sich ständig und bringt uns einer Zukunft näher, in der datenbasierte Erkenntnisse Branchen neu gestalten, die Entscheidungsfindung verbessern und Licht in die komplexen Zusammenhänge unserer globalen Welt bringen.

1.2.2 Deep Learning und neuronale Netze

Deep Learning ist ein transformativer Zweig des maschinellen Lernens und basiert auf neuronalen Netzwerken – einer Klasse von Algorithmen, die die Struktur und Funktionsweise des menschlichen Gehirns widerspiegeln. Neuronale Netzwerke bestehen aus miteinander verbundenen Knoten oder Neuronen, die in Schichten organisiert sind, die Informationen strukturieren und umgestalten.

Im Kern besteht ein neuronales Netzwerk aus drei Schichten: Eingabe, verborgen und Ausgabe. Die Eingabeschicht empfängt Rohdaten sowie Schnappschüsse oder Text. Versteckte Schichten, die sich zwischen Eingabe und Ausgabe befinden, verarbeiten Statistiken durch mathematische Operationen und Änderungen. Die Ausgabeschicht generiert Ergebnisse, ob Vorhersagen oder Klassifizierungen.

Ein Neuron, der Baustein neuronaler Netzwerke, nimmt Eingabedaten entgegen, berechnet diese auf der Grundlage gewichteter Summen und wendet eine Aktivierungsfunktion für die Ausgabe an. Diese Nichtlinearität ermöglicht es Netzwerken, komplexe Informationsbeziehungen zu modellieren.

Deep Learning nutzt tiefe neuronale Netzwerke – Netzwerke mit mehreren verborgenen Schichten. Diese Tiefe extrahiert komplexe Muster aus komplexen Daten. Durch das Durchlaufen jeder Schicht untersuchen die Netzwerke hierarchische Darstellungen und bilden Abstraktionen höherer Ebenen. Deep Learning zeichnet sich durch Computersehen, natürliche Sprachverarbeitung und Spracherkennung aus.

Convolutional Neural Networks (CNNs) konzentrieren sich auf die Bildanalyse. Mithilfe von Convolutional Layers untersuchen sie Bildmerkmale wie Kanten und Formen. CNNs sind entscheidend für die Objekterkennung und Gesichtserkennung.

Rekurrente neuronale Netze (RNNs) verarbeiten sequenzielle Datensätze wie Text. Dank internem Speicher behalten RNNs den Kontext vorheriger Schritte im Gedächtnis, was für die Sprachmodellierung und Stimmungsanalyse geeignet ist.

Fortschritte im Deep Learning haben die KI-Entwicklung vorangetrieben, doch Herausforderungen bleiben bestehen. Dazu gehören Datenanforderungen, Verzerrungen und die Interpretation von Modellen. Die Synergie zwischen Deep Learning und anderen KI-Bereichen verspricht im weiteren Verlauf der Forschung neue Anwendungen.

Neuronale Netzwerke veranschaulichen das Potenzial der KI. Sie bilden die Innovationsebenen ab, die unsere Ära prägen, und bringen uns einer KI-Zukunft näher, die so tiefgreifend ist wie unsere Neugier und so weitreichend wie unsere Bestrebungen.

1.2.3 Reinforcement Learning und Entscheidungsfindung

Reinforcement Learning (RL) gilt als eines der dynamischsten und wirkungsvollsten Paradigmen der modernen künstlichen Intelligenz und verändert grundlegend die Art und Weise, wie Maschinen mit ihrer Umgebung interagieren und Entscheidungen treffen. Im Kern geht es beim Reinforcement Learning weder um das Lernen anhand kategorisierter Beispiele, wie beim überwachten Lernen, noch um das Entdecken verborgener Systeme in Daten, wie beim unüberwachten Lernen. Vielmehr handelt es sich um eine computergestützte Methode zur Steuerung und Automatisierung zielgerichteten Lernens und Entscheidungsfindung aus Erfahrung. Ein RL-Agent interagiert mit einer Umgebung, nimmt die Ergebnisse seiner Aktionen wahr und aktualisiert sein Verhalten, um die kumulative Belohnung zu maximieren. Dieser Rahmen spiegelt stark wider, wie Menschen und Tiere durch Versuch und Irrtum lernen, geleitet durch Feedback in Form von Belohnungen oder Konsequenzen. Aus dieser einfachen Abstraktion entsteht ein tiefgreifendes und flexibles Werkzeug, das komplexe Aufgaben in so unterschiedlichen Bereichen wie Robotik, Finanzen, Gesundheitswesen und autonomer Steuerung lösen kann.

Die grundlegende Form des bestärkenden Lernens lässt sich im Rahmen eines Markow-Entscheidungsprozesses (MDP) formalisieren. Dieser beschreibt mathematisch eine Umgebung, in der die Ergebnisse teilweise zufällig und teilweise von einem Entscheidungsträger gesteuert werden. Ein MDP umfasst Zustände, Aktionen, Übergangsdynamiken, Belohnungen und einen Reduktionsfaktor. Bei jedem Zeitschritt beobachtet der Agent den aktuellen Zustand, wählt eine Aktion aus und erhält sowohl ein neues Statussignal als auch ein Belohnungssignal. Mit der Zeit erlernt der Agent eine Strategie – eine Zuordnung von Zuständen zu Aktionen – mit dem Ziel, die erwartete Summe der diskontierten Belohnungen zu maximieren. Obwohl dieser Prozess auf formaler Mathematik basiert, erfasst er die Essenz adaptiven Verhaltens: das Erlernen besserer Entscheidungen auf der Grundlage von Erfahrung.

Eine der attraktivsten Funktionen des bestärkenden Lernens ist seine Fähigkeit zur sequentiellen Entscheidungsfindung unter Unsicherheit. Im Gegensatz zu herkömmlichen Optimierungstechniken, die statische Probleme lösen, ist RL von Natur aus dynamisch. Entscheidungen, die zu einem bestimmten Zeitpunkt getroffen werden, wirken sich auf zukünftige Alternativen und Ergebnisse aus und schaffen eine enge Wechselwirkung zwischen kurzfristigen Bewegungen und langfristigen Effekten. Dies macht RL besonders anwendbar in Bereichen, in denen zeitnahe Befriedigung, die Erforschung unbekannter Strategien und das Abwägen konkurrierender Ziele entscheidend sind. Beispielsweise muss ein Agent beim autonomen Fahren nicht nur auf unmittelbare Reize wie Ampeln oder Begrenzungen reagieren, sondern auch im Voraus planen, das Verhalten anderer Fahrer berücksichtigen und Sicherheit und Leistung über längere Zeiträume priorisieren.

Der Explorations-Exploitations-Wechsel ist das Herzstück des bestärkenden Lernens. Für ein erfolgreiches Lernen muss ein Agent die Umgebung erkunden, um neue Techniken und Informationen zu erlernen. Er sollte jedoch auch bereits vorhandene Informationen nutzen, um die Belohnungen zu maximieren. Dieses Gleichgewicht ist empfindlich: Zu viel Exploration kann Ressourcen verschwenden und Konsequenzen nach sich ziehen, während übermäßige Exploitation zu suboptimalem Verhalten führen kann, das in lokalen Maxima stecken bleibt. Es gibt verschiedene Techniken, um diesen Wechsel zu kontrollieren, darunter Epsilon-Grapping-Regeln, Softmax-Bewegungsauswahl oder modernere Bayes-Techniken. Letztendlich bestimmt die Fähigkeit des Agenten, mit dieser Spannung umzugehen, seine Lerneffizienz und Leistung.

Eine der berühmtesten Errungenschaften des bestärkenden Lernens war die Entwicklung von AlphaGo, einem von DeepMind entwickelten Gerät, das den Weltmeister im historischen Brettspiel Go besiegte. Go ist ein Spiel von hoher strategischer Intensität und enormer kombinatorischer Komplexität, das Schach bei Weitem übertrifft. Traditionelle regelbasierte oder Brute-Force-Methoden erwiesen sich als unzureichend, um dieses Spiel zu erlernen. Stattdessen kombinierte AlphaGo bestärkendes Lernen mit tiefen neuronalen Netzwerken, um eine Wertfunktion und ein Abdeckungsnetzwerk zu entwickeln und lernte sowohl aus menschlichen Spielen als auch aus Eigenspiel. Sein Nachfolger, AlphaZero, bewies eine noch größere Allgemeingültigkeit durch die Beherrschung von Schach, Shogi und Go mit derselben zugrunde liegenden Architektur, die ausschließlich durch Eigenspiel ohne menschliche Statistiken erlernt wurde. Diese Systeme veranschaulichen die Macht des bestärkenden Lernens in Kombination mit tiefem Lernen – eine Synergie, die als tiefes bestärkendes Lernen bekannt geworden ist.

Deep Reinforcement Learning erweitert traditionelles RL durch die Nutzung tiefer neuronaler Netzwerke als Funktionsapproximatoren. Dies ermöglicht es Agenten, hochdimensionale sensorische Eingaben wie Schnappschüsse, Audio oder Zeitreihenstatistiken zu verarbeiten. Anstatt sich auf manuelle Fähigkeiten zu verlassen, ermöglicht Deep RL Strukturen, Darstellungen direkt aus Rohdaten zu analysieren und so ein durchgängiges Lernen zu ermöglichen. Im Atari-Bereich haben beispielsweise Vermarkter gelernt, Videospiele direkt aus Pixeleingaben zu spielen und dabei Techniken entwickelt, die mit der menschlichen Leistung mithalten oder diese sogar übertreffen. Diese Erfolge unterstreichen die Flexibilität des Reinforcement Learning: Es ist nicht immer auf abstrakte Probleme beschränkt, sondern kann in visuell anspruchsvollen, komplexen und unsicheren Umgebungen eingesetzt werden.

Der Erfolg des bestärkenden Lernens ist jedoch auch mit Herausforderungen verbunden. Die Ineffizienz der Stichproben bleibt ein wichtiger Engpass. Anders als beim überwachten Lernen, bei dem Millionen kategorisierter Beispiele effizient verarbeitet werden können, erfordert RL oft eine große Anzahl von Interaktionen mit der Umgebung, um eine angemessene Leistung zu erzielen. Dies macht RL teuer und unpraktisch in Bereichen, in denen die Interaktion mit der realen Welt eingeschränkt oder aufwendig ist, wie z. B. in der Robotik oder im Gesundheitswesen. Um diesem Problem zu begegnen, haben Forscher verschiedene Techniken entwickelt, darunter modellbasiertes bestärkendes Lernen, Transferlernen und Imitationslernen. Modellbasiertes RL beinhaltet die Beherrschung einer Umgebungssimulation, um Studien zu simulieren und Schritte zu planen, wodurch die Abhängigkeit von realen Daten verringert wird. Transferlernen ermöglicht es Agenten, Wissen aus einem Projekt auf ein anderes anzuwenden, während Imitationslernen Expertendemonstrationen nutzt, um die Leistung zu steigern.

Ein weiteres zentrales Projekt des bestärkenden Lernens ist die Bewertung von Belohnungen. Erhält ein Agent eine verspätete Belohnung, muss er ermitteln, welche Aktionen und Entscheidungen zu diesem Ergebnis beigetragen haben. Dies ist insbesondere bei langfristigen Aufgaben mit spärlichem oder verrauschtem Feedback schwierig. Methoden des Zeitdifferenz-Lernens, darunter Q-Learning und SARSA, bewältigen dieses Problem, indem sie die Kostenschätzungen auf Basis sukzessiver Näherungen aktualisieren. Fortgeschrittenere Methoden, darunter Actor-Critic-Architekturen, trennen die Abdeckung von der Kostenschätzung und ermöglichen so stabileres und umweltfreundlicheres Lernen. Trotz dieser Fortschritte bleiben die Sicherstellung einer starken Konvergenz, die Vermeidung von Divergenz und der Umgang mit Nichtstationarität aktive Forschungsgebiete.

Die Anwendung von Reinforcement Learning geht über Spiele und Simulationen hinaus. In der Robotik ermöglicht RL Händlern, motorische Fähigkeiten zu erlernen, sich in komplexem Gelände zurechtzufinden und Objekte präzise zu manipulieren. Diese Fähigkeiten sind für Serviceroboter, die Geschäftsautomatisierung und die Mensch-Roboter-Kollaboration unerlässlich. Im Gesundheitswesen wird RL eingesetzt, um Behandlungspläne zu optimieren, Medikamentendosierungen zu manipulieren und Interventionen basierend auf Patientenreaktionen anzupassen. Im Finanzwesen können Vermarkter lernen, wie sie Portfolios zuteilen, Handelsgeschäfte abwickeln und Risiken unter unsicheren Marktbedingungen kontrollieren. Im Servicemanagement helfen RL-Algorithmen, den Energieverbrauch, den Verkehrsfluss und die Lieferkettenlogistik zu optimieren. Jede dieser Anwendungen bietet spezifische Einschränkungen und Möglichkeiten und erfordert maßgeschneiderte Lösungen, die Standortinformationen, Sicherheitsaspekte und Echtzeit-Feedback kombinieren.

Mit der Weiterentwicklung des bestärkenden Lernens wird seine Schnittstelle zur Entscheidungsfindung in Bereichen mit hohem Risiko, in denen ethische, strafrechtliche und gesellschaftliche Auswirkungen in den Vordergrund treten, zunehmend relevant. Denken Sie an unabhängige Fahrzeuge, die in Sekundenbruchteilen Entscheidungen über Menschenleben treffen, oder an KI-Systeme, die in der Justiz eingesetzt werden, um über die Verurteilung oder Bewährung zu beraten. Diese Entscheidungen erfordern nicht nur technische Robustheit, sondern auch die Übereinstimmung mit menschlichen Normen und Prinzipien. Die Einbettung ethischer Überlegungen in bestärkendes Lernen bleibt eine offene Aufgabe. Wie sollte ein Akteur Menschenleben, Gerechtigkeit oder langfristige gesellschaftliche Auswirkungen bewerten? Können solche Werte definiert werden oder müssen sie extern durch Einschränkungen und Vorschriften auferlegt werden? Diese Fragen beleuchten die weitreichenden

Auswirkungen der Integration von RL-Systemen in die soziale Infrastruktur.

Interpretierbarkeit und Transparenz sind auch in Entscheidungsprozessen entscheidend. Black-Container-Modelle sind zwar effektiv, können aber undurchsichtig und schwer zu prüfen sein. In sicherheitsrelevanten Anwendungen müssen Stakeholder verstehen, warum eine Maschine eine bestimmte Entscheidung getroffen hat, wie sicher diese war und welche Alternativen in Betracht gezogen wurden. Erklärbares Verstärkungslernen versucht, dieses Problem zu lösen, indem es Einblicke in die internen Denkprozesse von Vermarktern bietet. Dazu gehören die Visualisierung von Preismerkmalen, die Ableitung von Richtlinien aus Regeln und die Generierung natürlicher Sprachursachen. Obwohl dieses Teilgebiet noch in den Kinderschuhen steckt, ist es für die Schaffung von Konsens, Verantwortlichkeit und menschlicher Kontrolle von entscheidender Bedeutung.

Multi-Agent-Reinforcement-Learning führt zusätzliche Komplexität ein, indem es Situationen betrachtet, in denen mehrere Vermarkter in gemeinsamen Umgebungen interagieren. Diese Verkäufer können kooperativ, aggressiv oder irgendwo dazwischen liegen. Multi-Agent-Strukturen treten deutlich in Ökonomie, Biologie, Verkehrssystemen und sozialen Simulationen auf. Agenten müssen nicht nur die Umgebung, sondern auch die sich entwickelnden Strategien anderer analysieren. Dies führt zu nichtstationärer Dynamik, emergentem Verhalten und der Notwendigkeit von Gleichgewichtsprinzipien wie Nash-Gleichgewichten oder korrelierten Gleichgewichten. Koordination, Kommunikation und Verhandlung werden zu wichtigen Kompetenzen. Darüber hinaus gewinnen Aspekte wie Gerechtigkeit, Ressourcenverteilung und kollektive Effekte an Bedeutung, was Multi-Agent-RL zu einem vielfältigen und anspruchsvollen Forschungsgebiet macht.

Reinforcement Learning stellt einen tiefgreifenden Wandel in der Art und Weise dar, wie Maschinen im Laufe der Zeit lernen, zu handeln, sich anzupassen und Entscheidungen zu treffen. Es verkörpert eine Vision von Intelligenz, die nicht mehr auf statischem Verständnis, sondern auf Interaktion, Feedback und kontinuierlicher Verfeinerung beruht. Da RL-Algorithmen immer leistungsfähiger, skalierbarer und moderner werden, werden sie die Zukunft der künstlichen Intelligenz immer wichtiger gestalten. Von personalisierten Assistenten bis hin zu autonomen Systemen, von strategischer Planung bis hin zu adaptiver Steuerung – der Einfluss von Reinforcement Learning ist in allen Disziplinen und Branchen spürbar. Doch mit dieser Macht geht auch eine Verpflichtung einher. Sicherzustellen, dass RL-Systeme Entscheidungen treffen, die fair, transparent und im Einklang mit menschlichen Werten stehen, ist nicht nur eine technische Aufgabe, sondern ein gesellschaftliches Gebot. Wir stehen an der Schwelle zu einer neuen Generation des maschinellen Lernens. Reinforcement

Learning und Entscheidungsfindung werden in den kommenden Jahrzehnten die Konturen von Autonomie, Intelligenz und Organisation prägen.

1.3 Anwendungen der Künstlichen Intelligenz

Die transformative Kraft der künstlichen Intelligenz (KI) wirkt sich auf zahlreiche Domänen aus und prägt eine neue Generation von Innovation und Effizienz. Von der Automatisierung wiederkehrender Aufgaben bis hin zur Entschlüsselung komplexer Datensätze sind die Anwendungsmöglichkeiten der KI vielfältig.

In der Industrie optimiert KI-gestützte Automatisierung die Fertigung und verbessert Präzision und Produktivität. Der Gesundheitsbereich profitiert von der Kompetenz der KI bei der Diagnose von Krankheiten, der Analyse medizinischer Momentaufnahmen und der Vorhersage von Patientenfolgen. Im Finanzwesen analysieren KI-Algorithmen Markttendenzen und nutzen dabei fundierte Investitionsentscheidungen.

Die Auswirkungen von KI erstrecken sich auch auf das alltägliche Leben: Virtuelle Assistenten vereinfachen Aufgaben und Beratungsstrukturen verbessern die Nutzerbewertungen. Im Wesentlichen gehen die Anwendungen von KI über Branchen hinaus und revolutionieren die Art und Weise, wie wir in einer zunehmend datengetriebenen Welt arbeiten, interagieren und navigieren.

1.3.1 Automatisierung und industrielle Anwendungen

Die Integration von KI und Automatisierung ist ein transformativer Faktor, der Branchen revolutioniert, die Produktivität steigert und Fehler minimiert. Diese Konvergenz führt zu einer neuen Technologie industrieller Exzellenz, die sich durch höhere Präzision und Leistung auszeichnet.

Roboter und KI-gesteuerte Maschinen werden zum Eckpfeiler der modernen Produktion. Ihre Fähigkeit, komplexe Aufgaben zu bewältigen, gepaart mit ihrer unerschütterlichen Präzision, reduziert Fehler und Abweichungen erheblich. Diese intelligenten Händler definieren Montagelinien neu, sorgen für Konsistenz und heben erstklassige Kontrollprozesse auf ein neues Niveau.

Moderne Fabriken verfügen über ein Roboterteam, das mit unermüdlicher Leistung arbeitet. Diese Roboter erledigen unermüdlich Aufgaben wie Schweißen, Montieren und Verpacken und arbeiten rund um die Uhr ohne Ermüdung. Ihre Anpassungsfähigkeit ermöglicht eine schnelle Neukonfiguration, sodass Hersteller unerwartet auf veränderte Anforderungen reagieren können.

Die Auswirkungen KI-gestützter Systeme reichen über die Fabrikmauern hinaus bis in die komplexen Lieferketten und die Logistik. Diese Systeme prognostizieren die Nachfrage, optimieren Lagerbestände und Vertriebsnetze für hochwertige Musik. Durch die Nutzung historischer Daten und

Echtzeitinformationen stellen sie sicher, dass Waren genau dort und zum richtigen Zeitpunkt verfügbar sind, wo sie benötigt werden. So wird Abfall minimiert und die Kundenerwartungen werden erfüllt.

Auch die Ressourcenkontrolle verändert sich durch KI. Vom Energieverbrauch bis zur Abfallkontrolle liefern KI-gestützte Analysen Erkenntnisse, die nachhaltige Praktiken ermöglichen. Diese Systeme decken Ineffizienzen auf und empfehlen Einsparstrategien, um Geschäftsabläufe mit Umweltschutz in Einklang zu bringen.

Darüber hinaus geht der Einfluss von KI über die bloße Automatisierung hinaus; sie setzt menschliche Fähigkeiten frei. Indem sie menschliche Mitarbeiter von wiederkehrenden Aufgaben entlastet, befähigt KI sie, Innovationen zu erkennen und strategische Entscheidungen zu treffen. Diese Partnerschaft zwischen KI und menschlicher Kreativität zeichnet ein Bild der Geschäftsentwicklung, in dem Fabriken mit intelligenten Maschinen brummen und Branchen von Innovationen leben.

Mit Industrie 4.0 eröffnet die Integration von KI in die Automatisierung eine Zukunft, in der Fabriken reibungslos funktionieren, Lieferketten reibungslos synchronisiert sind und Branchen durch Innovation wachsen. Dieses harmonische Zusammenspiel von Innovation und menschlichem Einfallsreichtum prägt eine Landschaft, die sich durch

Leistung, Zuverlässigkeit und ungeahnte Möglichkeiten auszeichnet.

1.3.2 KI im Gesundheitswesen: Diagnose und Behandlung

Die Integration von KI in das Gesundheitswesen hat eine neue Generation von Präzision und Fortschritt eingeläutet, vor allem in den Bereichen Krankheitsdiagnose, wissenschaftliche Bildgebungsauswertung und Therapievorhersage. Die Integration von KI in die medizinische Praxis hat sich als transformative Kraft erwiesen, die die Patientenversorgung und die wissenschaftlichen Konsequenzen verbessert.

Die Funktion von KI im Gesundheitswesen wird durch ihre Fähigkeit unterstrichen, die Krankheitsdiagnose zu beschleunigen und zu verfeinern. Durch die Analyse umfassender klinischer Daten können Machine-Learning-Algorithmen komplexe Muster und Marker für verschiedene Situationen identifizieren. Dies ermöglicht eine frühzeitige und präzisere Erkennung von Krankheiten, von alltäglichen bis hin zu seltenen Erkrankungen. Dank dieses verbesserten Diagnosesystems erhalten Patienten rechtzeitige Interventionen, die zu besseren Behandlungsergebnissen führen.

Eine der größten Stärken von KI im Gesundheitswesen liegt in ihrer Fähigkeit, medizinische Momentaufnahmen zu analysieren. Die Radiologie beispielsweise wurde durch KI-Algorithmen revolutioniert, die Anomalien in Röntgen-, MRT- und CT-Aufnahmen erkennen können. Diese Algorithmen werden anhand umfangreicher Datensätze trainiert und können so diffuse Symptome erkennen, die dem menschlichen Auge verborgen bleiben könnten. Diese Kombination aus KI und wissenschaftlicher Bildgebung beschleunigt Diagnosen, entlastet medizinisches Fachpersonal und erhöht die Genauigkeit der Ergebnisse.

Die Vorhersagekraft von KI erstreckt sich auch auf Patientenfolgen. Algorithmen analysieren Krankengeschichten und Daten, um zukünftige Gesundheitsverläufe vorherzusagen. Durch die Erkennung von Mustern in Patientendaten kann KI das Risiko von Komplikationen vorhersagen und Gesundheitsdienstleistern so präventive Maßnahmen ermöglichen. Dies verbessert nicht nur die Patientenversorgung, sondern optimiert auch die Verteilung von medizinischer Hilfe in klinischen Einrichtungen.

Der Einfluss von KI beschränkt sich nicht nur auf die Forschung, sondern erstreckt sich auch auf die medizinische Versorgung. In der Arzneimittelforschung beschleunigen KI-gestützte Simulationen die Identifizierung potenzieller Wirkstoffkandidaten und beschleunigen so die Markteinführung neuer Therapien. Darüber hinaus unterstützt KI die Entwicklung personalisierter Behandlungspläne. Durch die Analyse von Patientendaten kann KI

Behandlungsalternativen vorschlagen, die auf die genetische Ausstattung, die Krankengeschichte und den Lebensstil des Patienten zugeschnitten sind.

Die Verschmelzung von KI und Gesundheitswesen stellt eine Synergie zwischen Technologie und Mitgefühl dar. Sie erweitert wissenschaftliche Fähigkeiten und bewahrt gleichzeitig die menschliche Komponente. Während KI die Diagnostik beschleunigt und die Präzision erhöht, arbeitet sie Hand in Hand mit medizinischem Fachpersonal, verbessert deren Entscheidungsfindung und ermöglicht ihnen Erkenntnisse, die früher unerreichbar waren.

Im Zuge der fortschreitenden Anpassung des Gesundheitswesens spielt KI eine zentrale Rolle. Sie macht Diagnostik, Bildanalyse und Therapievorhersage zu Bereichen mit bemerkenswerter Genauigkeit und Effizienz. Diese Zusammenarbeit, in der Technologie auf Empathie trifft und das Streben nach Wohlbefinden durch das unendliche Potenzial künstlicher Intelligenz erweitert wird, eröffnet neue Perspektiven im Gesundheitswesen.

1.3.3 Finanz- und Handelsanwendungen von KI

Die tiefgreifenden Auswirkungen künstlicher Intelligenz erstrecken sich auch auf den Finanzbereich und revolutionieren verschiedene Bereiche, darunter algorithmisches Kaufen und Verkaufen, Risikobewertung und Betrugserkennung. Die Integration von KI-Technologien hat zu transformativen

Anpassungen geführt und die Effizienz und Genauigkeit von Finanzgeschäften verbessert.

KI hat dem algorithmischen Handel Auftrieb gegeben. Dabei verarbeiten maschinelle Lernalgorithmen große Mengen an Marktdaten, um Trends und Muster zu erkennen. Diese Algorithmen führen Handelsgeschäfte mit beispielloser Geschwindigkeit und Präzision aus und nutzen flüchtige Marktchancen. Indem sie menschliche Vorurteile ausschalten und Echtzeitdaten nutzen, optimieren KI-gesteuerte Handelssysteme Anlageentscheidungen und Portfoliomanagement.

KI trägt zur Risikobewertung bei, indem sie komplexe statistische Systeme analysiert, um Kapazitätsrisiken zu bewerten und Marktschwankungen vorherzusagen. Dieser proaktive Ansatz ermöglicht es Finanzinstituten, Schwachstellen zu erkennen und Kapazitätsverluste zu minimieren. KI-Algorithmen berücksichtigen eine Vielzahl von Faktoren, von Finanzindikatoren bis hin zu geopolitischen Ereignissen, um präzisere Risikotests und -richtlinien bereitzustellen.

Die Finanzbranche nutzt KI, um betrügerische Aktivitäten zu bekämpfen, die die Integrität von Transaktionen und Geschäftsabläufen gefährden. Machine-Learning-Algorithmen analysieren Transaktionsstatistiken, Nutzerverhalten und historische Trends, um anomale, auf Betrug hindeutende Aktivitäten zu erkennen. Diese

Echtzeitanalyse ermöglicht eine schnelle Reaktion und Prävention betrügerischer Transaktionen und schützt so sowohl Kunden als auch Finanzinstitute.

KI-gestützte Chatbots haben sich im Finanzbereich als wertvolles Kapital erwiesen und bieten umweltfreundlichen Kundenservice und individuelle Finanzberatung. Diese Chatbots interagieren mit Kunden, beantworten Anfragen und unterstützen bei der Finanzplanung. Durch natürliche Sprachverarbeitung und Systemlernen ermöglichen Chatbots reaktionsschnelle und fundierte Interaktionen und verbessern so die Kundenzufriedenheit und das Engagement.

Auf unserer Reise durch die Nationalstaaten der Künstlichen Intelligenz wird ihr Potenzial immer deutlicher. Der Einfluss von KI erstreckt sich über verschiedene Sektoren, verändert Interaktionen und bringt uns einer Zukunft näher, in der Technologie unsere Fähigkeiten erweitert und unsere Welt verändert. Im Finanzbereich eröffnet die Kompetenz von KI im algorithmischen Handel, der Risikobewertung, der Betrugserkennung und der Kundenbindung ein Feld voller Innovationen und Möglichkeiten und verdeutlicht, wie die transformative Kraft von KI herkömmliche Hindernisse überwindet.

1.3.4 Kreative KI: Kunst, Musik und Design

Kreativität, einst als letzte Bastion menschlicher Einzigartigkeit angesehen, entpuppt sich zunehmend als eine

Gemeinsamkeit mit künstlicher Intelligenz. Die Vorstellung, dass Maschinen eines Tages Kunst schaffen, Musik komponieren oder originelle und emotionale Gegenstände entwerfen könnten, war einst Science-Fiction. Heute ist sie greifbare Realität. Die Entwicklung innovativer KI markiert einen tiefgreifenden Wandel in der Beziehung zwischen Produktion und menschlichem Ausdruck. Anstatt lediglich Prozesse zu automatisieren oder Berechnungen zu beschleunigen, wagt sich kreative KI in die expressiven, symbolischen und kulturellen Bereiche, die die menschliche Zivilisation historisch geprägt haben. Kunst, Musik und Design – Bereiche, die lange als menschlich galten – werden durch die Linse von Algorithmen, neuronalen Netzwerken und generativen Modellen neu interpretiert.

Im Zentrum innovativer KI steht die Kombination verschiedener technologischer Fortschritte, insbesondere im Bereich System-Learning, Deep Learning und generative Modellierung. Generative Adversarial Networks (GANs), die 2014 von Ian Goodfellow eingeführt wurden, waren dabei besonders einflussreich. GANs bestehen aus neuronalen Netzwerken – einem Generator und einem Diskriminator –, die in einer kompetitiven Dynamik gefangen sind. Der Generator versucht, Statistiken zu erstellen, die von realen Beispielen nicht zu unterscheiden sind, während der Diskriminator versucht, zwischen Realität und Fälschung zu unterscheiden. Durch diesen kompetitiven Prozess können

GANs besonders realistische Fotos, Texturen und sogar ganze Kunstwerke erzeugen. Diese Strukturen haben eine verblüffende Fähigkeit bewiesen, künstlerische Stile zu imitieren, fotorealistische Bilder nicht existierender Personen zu erstellen und sogar neuartige Ästhetiken zu erfinden.

Neben GANs haben andere Architekturen wie Variational Autoencoders (VAEs), Transformer-basierte Modelle wie DALL•E und Midjourney sowie Diffusionsmodelle die Innovationskraft der KI erweitert. DALL•E, entwickelt mithilfe von OpenAI, nutzt umfangreiche Sprach- und Bildinformationen, um aus Textaufforderungen innovative visuelle Szenen zu generieren. Fordern Sie beispielsweise „einen Astronauten, der ein Pferd im Stil Van Goghs reitet" an, und die Maschine erzeugt mehrere Variationen eines solchen Bildes mit kreativer Kohärenz. Diese Art multimodaler Kreativität – die Übersetzung von Sprache in visuelle Kunst – stellt einen Paradigmenwechsel dar. Sie ermöglicht es Kunden, unabhängig von ihrem erfinderischen Talent, ihre Kreativität mit maschineller Unterstützung zu externalisieren und verwischt so die Grenzen zwischen Künstler und Gerät.

Im Bereich der Musik haben sich KI-Systeme von rudimentären Kompositionen zu hochmodernen, emotional nuancierten Stücken entwickelt. Frühe regelbasierte Systeme versuchten, klassische Kompositionen durch die Kodierung harmonischer Regeln und stilistischer Einschränkungen zu emulieren. Mit dem Aufkommen von Deep Learning, insbesondere rekurrenten neuronalen Netzwerken (RNNs) und Transformatoren, kann KI nun Melodien, Harmonien und komplette Orchesterarrangements mit außergewöhnlicher Kontinuität und Komplexität generieren. OpenAIs MuseNet und Googles Magenta sind Beispiele für solche Systeme, die in verschiedenen Genres komponieren und musikalische Einflüsse mischen können. MuseNet beispielsweise kann Stücke generieren, die im Stil Mozarts beginnen und nahtlos in Jazz oder modernen Pop übergehen. Diese Modelle lernen aus riesigen Korpora musikalischer Daten und erfassen zeitliche Abhängigkeiten und stilistische Merkmale, die den musikalischen Ausdruck definieren.

Der Einsatz von KI in Musikstücken beschränkt sich jedoch nicht nur auf die Komposition. KI wird zunehmend als kollaboratives Werkzeug für Musiker eingesetzt und erweitert die Kreativität, anstatt sie zu ersetzen. Künstler nutzen KI, um Motive zu generieren, unkonventionelle Harmonien auszuprobieren oder sogar interaktive Klanginstallationen zu erstellen, die auf Echtzeit-Input reagieren. Die Technik wird ko-innovativ, wobei der Mensch leitet, kuratiert und dekodiert, während die KI neuartige Hinweise, überraschende Gegenüberstellungen und eine unerschöpfliche Quelle an Varianten bietet. Diese Synergie ermöglicht kreatives Entdecken, das konventionelle Grenzen überschreitet und zu neuen Genres, Klangtexturen und Performance-Paradigmen führt.

Im Designbereich spielt KI eine transformative Rolle bei der Schaffung von Bürokratie, der Optimierung der Funktionalität und der Infragestellung ästhetischer Konventionen. Design umfasst ein breites Spektrum an Disziplinen – von Architektur und Geschäftsdesign bis hin zu Design und Benutzeroberflächenentwicklung. In jedem dieser Bereiche leistet KI einen Beitrag, indem sie sich wiederholende Aufgaben automatisiert, umfangreiche Designbereiche erforscht und Prototypen in beispielloser Geschwindigkeit erstellt. Generatives Design, eine Methode, bei der Algorithmen basierend auf vordefinierten Einschränkungen mehrere Lösungen finden, ermöglicht es Designern, Anforderungen wie Materialverbrauch, Gewicht und Festigkeit zu spezifizieren, während das System optimierte Geometrien vorschlägt. Unternehmen wie Autodesk setzen solche Tools im Engineering-Kontext ein und entwickeln Designs, die sowohl effizient als auch optisch ansprechend sind und oft eine organische, biomorphe Qualität aufweisen, die an die evolutionären Lösungen der Natur erinnert.

Architekturbüros integrieren KI auch in konzeptionelle Layouts, was eine schnelle Iteration und die Anpassung an die Umgebung ermöglicht. KI kann Standortbedingungen, Beleuchtung, Luftströmungen und andere Variablen analysieren, um Layouts vorzuschlagen, die sowohl mit natürlichen als auch mit konkreten Kontexten harmonieren. In der Modebranche wird KI eingesetzt, um Trends vorherzusagen, Kleidungsdesigns zu generieren oder sogar virtuelle Modelle für virtuelle Laufstege zu erstellen. Designer können Stimmungsforen oder thematische Standards eingeben, und die KI kann ein Spektrum an Layoutvarianten ausgeben. Dies erleichtert die Erforschung von Formen und Stilen, die beim traditionellen Brainstorming möglicherweise nicht entstehen würden.

Trotz ihrer beeindruckenden Fähigkeiten wirft der Aufschwung innovativer KI kritische Fragen zu Urheberschaft, Originalität und dem Wesen der Kreativität selbst auf. Wenn eine KI ein Gemälde erstellt, wer ist dann der Künstler – das Gerät, der Programmierer oder die Person, die den Text verfasst hat? Kann ein durch einen Algorithmus erstelltes Werk authentische kreative Werte besitzen oder ist es lediglich ein Spiegelbild statistischer Mimikry? Diese Fragen hinterfragen traditionelle Rahmen von geistigem Eigentum, ästhetischem Urteilsvermögen und kultureller Produktion. Rechtlich gesehen erkennen die meisten Rechtssysteme KI nach wie vor nicht als Urheber an. Die kreative Leistung wird üblicherweise dem Menschen zugeschrieben, der das Gerät bedient oder besitzt. Da KI-Strukturen jedoch zunehmend autonomer und komplexer werden, reichen solche Zuschreibungen nicht mehr aus. Philosophisch gesehen dreht sich die Frage darum, ob Kreativität durch Art, Absicht oder Ergebnis definiert wird.

Wenn Kreativität die Fähigkeit ist, etwas Neues und Wertvolles zu schaffen, dann ist KI – zumindest in ihren modernen generativen Formen – wohl dafür geeignet.

Es gibt auch eine anhaltende Debatte über die emotionale Intensität und die menschliche Resonanz von KI-generierter Kunst. Kritiker argumentieren, dass Maschinen, denen Fokus, Erfahrung und Emotionen fehlen, ihren Werken nicht die gleiche Intensität verleihen können wie menschlichen Künstlern. Sie behaupten, KI-Kunst könne zwar technisch erstaunlich, aber emotional hohl sein. Andere wiederum behaupten, die emotionale Wirkung liege im Erlebnis des Betrachters, nicht in der Absicht des Schöpfers. Wenn ein Werk das Publikum bewegt, zum Nachdenken anregt oder die Kreativität anregt, bleibt dann erkennbar, ob es von Menschenhand oder einem algorithmischen System geschaffen wurde? Dieser Perspektivenwechsel steht im Einklang mit postmodernen Kunstkonzepten, in denen Kontext, Interpretation und Rezeption ebenso viel Gewicht haben wie das Ziel.

Ein weiterer Aspekt innovativer KI ist die Demokratisierung innovativer Tools. Historisch gesehen wurde der Zugang zu künstlerischer Produktion durch Fähigkeiten, Bildung und Ressourcen vermittelt. KI-Tools senken diese Hürden und ermöglichen es auch Menschen ohne formale Bildung, großartige Bilder, Musik und Designs zu erstellen. Dies öffnet den kreativen Ausdruck für eine breitere

Beteiligung und fördert Inklusivität und kulturelle Vielfalt. Es wirft jedoch auch Bedenken hinsichtlich der Homogenisierung und der übermäßigen Abhängigkeit von vorgefertigten Modellen auf, die Vorurteile aufrechterhalten oder die Bandbreite kreativer Ergebnisse einschränken können. Um den Reichtum globaler kreativer Traditionen zu bewahren, ist es wichtig sicherzustellen, dass KI-Tools vielfältige Trainingsdaten haben, kulturell bewusst sind und für individuelle Anpassungen offen sind.

Kreative KI hat auch Schnittstellen zu Bildung, Therapie und sozialer Innovation. Im Bildungsbereich kann KI den Kunstunterricht individuell gestalten, innovative Sportveranstaltungen vorschlagen und Studierende dabei unterstützen, ihre eigene Stimme zu entwickeln. In der Kunsttherapie können KI-generierte Impulse oder ko-kreative Schnittstellen Menschen dabei helfen, Gefühle, Traumata oder ihr Selbstkonzept auf nicht bedrohliche und ausdrucksstarke Weise zu entdecken. Künstler, die mit marginalisierten Gruppen arbeiten, nutzen KI, um Stimmen zu verstärken, Erinnerungen zu erzählen und Zukunftsvisionen zu visualisieren, die dominante Narrative in Frage stellen. Diese Programme verfolgen das soziale Potenzial kreativer KI und gehen über die Ästhetik hinaus auf Empowerment und Transformation.

Aus technologischer Sicht dürfte die Zukunft innovativer KI durch Fortschritte in den Bereichen

Generalisierung, Kontextinformationen und affektive Datenverarbeitung geprägt sein. Aktuelle Modelle, so brillant sie auch sein mögen, basieren oft auf großen Datensätzen und stoßen auf Konflikte hinsichtlich der Konsistenz langformatiger Ergebnisse. Die Entwicklung von Systemen, die thematische Kohärenz bewahren, kulturellen Kontext verstehen und auf subtile emotionale Signale reagieren können, bleibt ein weit verbreitetes Projekt. Darüber hinaus wird die Integration multimodaler Fähigkeiten – bei denen KI fließend zwischen Text, Bild, Ton und Bewegung wechseln kann – die kreativen Grenzen erweitern. Solche Systeme könnten in Zukunft eine Geschichte schreiben, illustrieren, einen Soundtrack komponieren oder sogar die Erzählung animieren und so ganzheitliche, immersive Erlebnisse schaffen.

Die Zusammenarbeit zwischen menschlicher Kreativität und maschineller Intelligenz ist kein Nullsummenspiel. Vielmehr stellt sie eine sich entwickelnde Symbiose dar, in der beide Seiten die Stärken des jeweils anderen verstärken. Menschen vermitteln Kontext, Emotionen und narrative Intuition; Maschinen bieten Geschwindigkeit, Vielfalt und rechnergestützte Exploration. Die von uns gebauten Geräte spiegeln unsere Vorstellungskraft wider und erweitern so unsere Vorstellungskraft. Da KI zu einem wesentlichen Bestandteil des kreativen Prozesses wird, müssen wir nicht nur darüber nachdenken, wie wir kreieren, sondern auch warum wir kreieren. Sie fordert uns heraus, Autorschaft als Partizipation,

Kreativität als Dialog und Kunst als emergente Ressource sowohl biologischer als auch künstlicher Intelligenzen zu betrachten.

Kreative KI steht an der Schnittstelle zwischen Technologie und Menschlichkeit. Es geht nicht nur darum, dass Maschinen Kunstwerke, Musik oder Design schaffen – es geht vielmehr darum, Innovation im Zeitalter intelligenter Systeme neu zu definieren. Während wir uns in dieser neuen Landschaft bewegen, erleben wir nicht das Ende menschlicher Kreativität, sondern ihre Transformation. Wir werden zu Kuratoren von Möglichkeiten, zu Orchestratoren von Strukturen und zu Mitautoren einer neuen ästhetischen Sprache, die aus dem Zusammenspiel von Geist und Maschine entsteht.

KAPITEL 2

Internet der Dinge: Geburt der vernetzten Welt

2.1 Konzept des Internet der Dinge (IoT)

Das Internet der Dinge (IoT) bezeichnet ein virtuelles Netzwerk, in dem die physische und die virtuelle Welt miteinander verwoben sind. In diesem komplexen Netzwerk sind Alltagsgegenstände, Geräte und Strukturen miteinander verbunden und mit Sensoren und Software ausgestattet, die es ihnen ermöglichen, Daten zu sammeln und auszutauschen. Der Kern des IoT liegt in der Schaffung eines kontinuierlichen Kommunikationsnetzwerks, in dem Geräte zusammenarbeiten, um Effizienz, Komfort und unser Wissen über die Welt um uns herum zu verbessern. Mit der zunehmenden Verbreitung des IoT wird sein Potenzial, Branchen zu revolutionieren, Stadtlandschaften neu zu gestalten und unser Leben zu verbessern, immer offensichtlicher und ebnet den Weg für eine vernetzte Zukunft.

2.1.1 Grundprinzipien und Definition des IoT

Das Internet der Dinge (IoT) umfasst ein dynamisches Netzwerk aus physischen Gegenständen, Geräten, Fahrzeugen und Systemen, die alle durch Sensoren, Software und Konnektivität miteinander verbunden sind. Dieses komplexe Netz ermöglicht es, Daten zu sammeln und auszutauschen und so eine Symphonie aus Kommunikation und Zusammenarbeit voranzutreiben.

Im Wesentlichen stellt das IoT die Konvergenz virtueller und physischer geografischer Regionen dar, in denen Gadgets zu informationsgenerierenden Einheiten und Kommunikationsknoten werden. Diese Objekte, die regelmäßig als „intelligente" Geräte bezeichnet werden, gehen über ihre traditionellen Rollen hinaus, indem sie Statistiken erfassen, verarbeiten und übertragen können.

Das IoT profitiert vom Konzept der Vernetzung. Durch die Interaktion von Sensoren und Konnektivitätstechnologien wie WLAN, Bluetooth und Mobilfunknetzen werden Geräte zu Knotenpunkten in einem ausgedehnten Netzwerk. Dieses Netzwerk fördert den Echtzeit-Datenaustausch und ermöglicht es Geräten, unabhängig von ihrer geografischen Lage nahtlos miteinander zu kommunizieren.

IoT-Geräte sind mit Sensoren ausgestattet, die ihre Umgebung erfassen und Daten sammeln. Diese Daten können eine Vielzahl von Merkmalen umfassen, darunter Temperatur, Standort, Bewegung und mehr. Durch die Erfassung dieser Daten tragen IoT-Geräte zu einem Repository an Erkenntnissen bei, das fundierte Entscheidungen ermöglicht und prädiktive Analysen ermöglicht.

Die Anwendungen des IoT erstrecken sich über alle Branchen, vom Gesundheitswesen und der Landwirtschaft bis hin zu Smart Cities und der industriellen Automatisierung. Im Gesundheitswesen zeigen tragbare Geräte wichtige Anzeichen und Symptome an und übermitteln Gesundheitsdaten an wissenschaftliches Fachpersonal, was eine Fernüberwachung und rechtzeitige Interventionen ermöglicht. In der Landwirtschaft erfassen IoT-Sensoren Bodenfeuchtigkeit und Wetterbedingungen und optimieren so die Ernteerträge. In Smart Cities ergänzt IoT-fähige Infrastruktur die Energieversorgung, die Verkehrssteuerung und öffentliche Angebote.

Im Kern repräsentiert das IoT die Vision einer Welt, in der Geräte ihre statische Existenz hinter sich lassen und zu aktiven Teilnehmern einer großen digitalen Welt werden. Die Integration des IoT steigert die Effizienz, bereichert Geschichten und treibt Innovationen voran. Durch die nahtlose Überbrückung der physischen und virtuellen geografischen Regionen eröffnet das IoT eine vernetzte Welt, in der Daten frei fließen, Geräte zusammenarbeiten und das Transformationspotenzial grenzenlos ist.

2.1.2 Entwicklung und Zukunft des Internet der Dinge

Die Entwicklung des Internets der Dinge (IoT) war ein transformatives Abenteuer, das bis in die Anfänge des Internets zurückverfolgt werden kann. Es entstand als Idee, Geräte zu verbinden und miteinander zu verknüpfen, um ihnen die Kommunikation und den Datenaustausch zu ermöglichen. Doch erst der rasante technologische Fortschritt verlieh diesem

Konzept Flügel und katapultierte es in die dynamische und vernetzte Welt, die wir heute erleben.

Die Wurzeln der IoT-Entwicklung liegen in den ersten Ansätzen vernetzter Geräte, bei denen der einfache Datenaustausch den Weg für komplexere Interaktionen ebnete. Mit zunehmenden technologischen Möglichkeiten wuchsen auch die Möglichkeiten des IoT. Der Aufstieg der drahtlosen Kommunikationstechnologien markierte einen Wendepunkt und befreite Geräte von den Fesseln physischer Verbindungen. Mit dem Aufkommen von WLAN, Bluetooth und Mobilfunknetzen können Geräte nun nahtlos und über geografische Grenzen hinweg kommunizieren.

Im Zentrum der IoT-Entwicklung steht die Entwicklung von Sensoren. Diese unscheinbaren, aber leistungsstarken Komponenten fungieren als Augen und Ohren des IoT-Netzwerks. Von Temperatursensoren zur Überwachung der Umgebungsbedingungen bis hin zu Bewegungssensoren zur Bewegungserkennung ermöglichen diese Geräte physischen Geräten, ihre Umgebung wahrzunehmen und darauf zu reagieren. Diese Verschmelzung der physischen und digitalen Welt hat intelligenten Geräten einen Aufschwung beschert, die in verschiedenen Bereichen großes Potenzial bergen.

Darüber hinaus hat der Aufstieg des Cloud Computing eine entscheidende Rolle für die Entwicklung des IoT gespielt. Der enorme Informationsfluss, der durch vernetzte Geräte generiert wurde, erforderte einen Ort, an dem er gespeichert, verarbeitet und verwertbare Erkenntnisse gewonnen werden konnten. Cloud-Systeme erwiesen sich als ideale Lösung, da sie die nötige Rechenleistung und Speicherkapazität boten, um die enorme Datenmenge zu bewältigen. Die Verbindung von IoT und Cloud Computing hat die Statistikanalyse revolutioniert und ermöglicht nun die Echtzeitverarbeitung und die Gewinnung wertvoller Erkenntnisse.

Mit Blick auf die Zukunft eröffnet das IoT noch vielfältigere Horizonte. Der bevorstehende Rollout von 5G-Netzen wird die Fähigkeiten des IoT enorm steigern und blitzschnelle Datenübertragungen bei minimaler Latenz ermöglichen. Dies ebnet den Weg für eine beispiellose Vielfalt vernetzter Geräte und schafft ein vernetztes Internet, das Industrien, Städte und das alltägliche Leben umfasst.

Verbesserte Datenanalysen werden tiefere Informationsebenen innerhalb der von IoT-Geräten generierten Datenströme freigeben. Die Integration von Machine Learning und KI-Algorithmen ermöglicht prädiktive Analysen und revolutioniert Entscheidungsfindungsstrategien und Ressourcenallokation. Diese analytischen Fähigkeiten optimieren nun nicht nur die Leistung, sondern heben auch die Personenberichte auf ein neues Niveau.

Die Entwicklung des IoT ist ein Beleg für das enorme Potenzial der Technologie. Von seinen Ursprüngen im Informationsaustausch bis hin zu seiner heutigen, vernetzten Brillanz hat das IoT Branchen neu gestaltet, Kunden gestärkt und die Grenzen zwischen physischen und virtuellen Nationalstaaten verwischt. Die Zukunft verspricht noch beeindruckendere Innovationen, bei denen uns die Synergie aus Konnektivität, Daten und Intelligenz in eine neue Technologie voller Möglichkeiten führt.

2.1.3 IoT-Ökosysteme und -Plattformen

Das Internet der Dinge (IoT) markiert einen Paradigmenwechsel in der Art und Weise, wie Geräte, Strukturen und Menschen virtuell mit der physischen Welt interagieren. Mit der zunehmenden Verbreitung von IoT-Anwendungen in allen Branchen – von Smart Homes und Wearables bis hin zu industrieller Automatisierung und Präzisionslandwirtschaft – ist der Bedarf an zusammenhängenden, skalierbaren und interoperablen Ökosystemen enorm gestiegen. Diese Ökosysteme sind nicht einfach nur Ansammlungen vernetzter Geräte, sondern komplexe, dynamische Netzwerke, die durch eine Kombination aus Hardware, Software, Cloud-Infrastruktur, Datenanalyse und Benutzeroberflächen unterstützt werden. Das Verständnis der Struktur und Funktionalität von IoT-Ökosystemen und -Strukturen ist entscheidend, um ihr transformatives Potenzial und die damit verbundenen Herausforderungen zu verstehen.

Im Kern umfasst eine IoT-Umgebung mehrere miteinander verbundene Schichten: Sensor- und Aktorgeräte, Netzwerkkommunikationsprotokolle, Edge Computing oder

Gateways, Cloud-basierte Systeme, Datenanalyse-Engines und Anwendungsangebote. Jede Schicht erfüllt eine bestimmte Funktion und muss nahtlos mit den anderen interagieren, um ein einheitliches Erlebnis zu ermöglichen. Die „Dinge" im IoT – Sensoren, Aktoren und eingebettete Systeme – sind darauf ausgelegt, physikalische Phänomene wie Temperatur, Bewegung, Feuchtigkeit oder Druck zu erfassen. Diese Geräte verfügen häufig über begrenzte Ressourcen und erfordern einen effizienten Energieverbrauch, leichte Protokolle und eine robuste Sicherheit. Mikrocontroller (MCUs) und Machine-on-Chip-Architekturen (SoC) werden häufig eingesetzt, um eingebettete Intelligenz und drahtlose Konnektivität zu ermöglichen.

Die von IoT-Geräten gesammelten Daten werden über Netzwerke wie WLAN, Bluetooth Low Energy (BLE), Zigbee, LoRaWAN, NB-IoT oder 5G übertragen, je nach den Anforderungen der Anwendung an Bandbreite, Latenz, Leistung und Reichweite. BLE eignet sich beispielsweise für tragbare Geräte mit kurzer Reichweite, während LoRaWAN für Anwendungen mit großer Reichweite und geringem Stromverbrauch in der intelligenten Landwirtschaft oder im Umwelt-Tracking am besten geeignet ist. Die Kommunikationsschicht muss Datenintegrität, geringe Latenz und Widerstandsfähigkeit gegen Störungen oder Paketverlust gewährleisten. Protokolle wie MQTT (Message Queuing Telemetry Transport), CoAP (Constrained Application

Protocol) und HTTP werden üblicherweise für Messaging und Befehlssteuerung verwendet. Insbesondere MQTT hat sich aufgrund seines schlanken Designs, der Publish-Subscribe-Version und seiner Eignung für unzuverlässige Netzwerke durchgesetzt.

Edge Computing spielt in vielen IoT-Ökosystemen eine wichtige Vermittlerrolle. Anstatt alle Rohdaten an zentrale Cloud-Server zu senden, übernehmen Edge-Geräte, bestehend aus Gateways oder Edge-Knoten, die erste Datenverarbeitung, Filterung und Aggregation lokal. Diese Strategie reduziert Latenzzeiten, spart Bandbreite und erhöht den Datenschutz. In einem intelligenten Fertigungsumfeld können Edge-Knoten beispielsweise Echtzeit-Anomalieerkennung oder vorausschauende Wartungsberechnungen an Gerätedaten durchführen, bevor sie entsprechende Zusammenfassungen an die Cloud senden. Diese verteilte Intelligenz wird durch eingebettete KI-Modelle, containerisierte Microservices und Echtzeitbetriebssysteme (RTOS) ermöglicht und verlagert die Entscheidungsfindung in Richtung der Datentechnologie.

Die Cloud-Schicht von IoT-Ökosystemen fungiert als Nervenzentrum und hostet Datenseen, Analyse-Engines, virtuelle Zwillinge und die Alarmfunktionalität. Führende Cloud-Anbieter wie Amazon Web Services (AWS), Microsoft Azure, Google Cloud und IBM Watson bieten umfassende IoT-Plattformen mit Diensten für Geräteverwaltung, stabile Kommunikation, Speicherung und Systemlernen. Diese

Systeme abstrahieren die Komplexität der Handhabung heterogener Geräte und bieten eine skalierbare Infrastruktur für die Speicherung, Verarbeitung und Visualisierung von Daten. Azure IoT Hub ermöglicht beispielsweise die sichere bidirektionale Kommunikation zwischen Hunderttausenden von Geräten und der Cloud, unterstützt mehrere Protokollbindungen und lässt sich für Echtzeit-Einblicke in Azure Stream Analytics integrieren. AWS IoT Core unterstützt unterdessen Richtlinien-Engines, virtuelle Schattenverwaltung und Flottenindizierung.

Neben proprietären Systemen bieten Open-Source-IoT-Frameworks wie ThingsBoard, Eclipse IoT und Kaa Community-basierte Lösungen. Diese Systeme legen Wert auf Modularität, Erweiterbarkeit und Anbieterneutralität. ThingsBoard ermöglicht beispielsweise die schnelle Entwicklung von Dashboards, Geräte-Telemetriespeichern, Regel-Engines für die Automatisierung und unterstützt MQTT, HTTP und CoAP. Eclipse IoT, ein Dachprojekt der Eclipse Foundation, umfasst eine Reihe von Tools wie Eclipse Hono für Messaging, Eclipse Ditto für digitale Zwillinge und Eclipse Kapua für die Geräteverwaltung. Diese Systeme sind besonders wertvoll für Forschung, Prototyping und Szenarien, in denen Anpassbarkeit eine wichtige Rolle spielt.

Ein entscheidendes Element jeder IoT-Umgebung ist die Gerätesteuerungsinfrastruktur. Sie gewährleistet, dass Geräte während ihres gesamten Lebenszyklus sicher integriert, konfiguriert, aktualisiert und überwacht werden. Firmware-Over-the-Air (FOTA)-Updates, sicherer Bootvorgang und Identitätskontrolle sind wichtige Funktionen zur Aufrechterhaltung der Geräteintegrität und Reaktionsfähigkeit. Die Gerätebereitstellung – die Zuweisung präziser Anmeldeinformationen und Konfigurationen zu jedem Gerät – ist ein wichtiger erster Schritt und wird häufig mithilfe von Zero-Contact-Provisioning oder Blockchain-basierten Authentifizierungsmethoden automatisiert. Da die Anzahl der Geräte in die Millionen- oder Milliarden-Marke steigt, ist eine automatisierte Lebenszykluskontrolle unverzichtbar.

In IoT-Systemen gesammelte Daten sind isoliert betrachtet nicht wertvoll; ihr Nutzen wird durch Kontextanalysen, Mustererkennung und Entscheidungsunterstützungssysteme realisiert. Moderne IoT-Systeme kombinieren künstliche Intelligenz und maschinelles Lernen, um aus großen Datenströmen umsetzbare Erkenntnisse zu gewinnen. Prädiktive Wartung, Anomalieerkennung, Energieeffizienzoptimierung und Modellierung des Nutzerverhaltens sind gängige Anwendungsbeispiele. Diese Fähigkeiten basieren auf umfangreichen Datenarchitekturen, darunter Apache Kafka für die Bewegungsverarbeitung, Apache Spark für Batchanalysen und Zeiterfassungsdatenbanken wie InfluxDB oder TimescaleDB für die Telemetriespeicherung. Visuelle Analysetools und virtuelle Zwillinge bieten intuitive

Schnittstellen für Tracking und Steuerung und ermöglichen Stakeholdern die Interaktion mit Echtzeitmodellen physischer Objekte oder Umgebungen.

Sicherheit bleibt ein zentrales Thema in IoT-Ökosystemen. Die zunehmende Anzahl von Endpunkten, die Heterogenität der Geräte und die großen Angriffsflächen schaffen zahlreiche Schwachstellen. Ein robustes Sicherheitsmodell umfasst mehrere Dimensionen: Verschlüsselung auf Geräteebene, sichere Kommunikationskanäle, Angriffserkennungssysteme und sicherheitsbasierte Zugriffskontrolle. Public Key Infrastructure (PKI), Transport Layer Security (TLS) und hardwarebasierte Verschlüsselungsanker sowie Trusted Platform Modules (TPMs) gewährleisten Vertraulichkeit und Integrität. Darüber hinaus müssen in sensiblen Bereichen wie dem Gesundheitswesen oder kritischen Infrastrukturen gesetzliche Compliance-Rahmenwerke wie DSGVO, HIPAA oder NIST SP 800-183 eingehalten werden. Security-by-Design-Konzepte empfehlen, Sicherheitsmechanismen bereits in der Geräteentwicklung zu integrieren, anstatt sie später nachzurüsten.

Interoperabilität ist ein weiterer grundlegender Aufgaben- und Schwerpunktbereich bei der Entwicklung von IoT-Umgebungen. Die große Vielfalt an Hardwareanbietern, Kommunikationsprotokollen und Datenformaten kann eine nahtlose Integration und Skalierbarkeit behindern. Initiativen wie oneM2M, OPC UA und die Open Connectivity Foundation (OCF) zielen darauf ab, Schnittstellen zu standardisieren und plattformübergreifende Kompatibilität zu ermöglichen. Middleware-Schichten und API-Gateways spielen ebenfalls eine Rolle bei der Harmonisierung unterschiedlicher Komponenten. Beispielsweise könnte eine kommerzielle IoT-Implementierung ältere SPSen (programmierbare intelligente Steuerungen), hochmoderne KI-Kameras und Cloud-Analysen umfassen – all dies muss in einem einheitlichen Betriebskontext koexistieren. Semantische Interoperabilität – das Verständnis der Bedeutung ausgetauschter Daten – ist für die Automatisierung und die Koordination zwischen Geräten unerlässlich.

Mit der Weiterentwicklung des IoT hat sich das Konzept von IoT-Ökosystemen über isolierte Strukturen hinaus erweitert und umfasst nun auch kollaborative, vernetzte Umgebungen. Smart Cities beispielsweise integrieren Daten aus Verkehrssystemen, Stromnetzen, Umweltsensoren und Bürgerdiensten. Diese Systeme erfordern interoperable Systeme, Multi-Stakeholder-Governance und Echtzeit-Orchestrierung. Urbane IoT-Ökosysteme beinhalten Partnerschaften zwischen Kommunen, Telekommunikationsbetreibern, Infrastrukturanbietern und Cloud-Anbietern. Sie müssen sich nicht nur mit der technischen Integration, sondern auch mit Datenschutz, öffentlichem Vertrauen und ethischer Governance befassen.

Gleiches gilt für kommerzielle IoT-Ökosysteme (IIoT), in denen Lieferketten, Produktionsstätten und Logistikstrukturen synchron arbeiten müssen.

Ein aktueller Trend in IoT-Ökosystemen ist die zunehmende Verbreitung von Area-to-Cloud-Kontinuumsarchitekturen. Anstatt Edge und Cloud als separate Ebenen zu betrachten, ermöglichen aktuelle Ökosysteme eine flüssige Berechnung über das gesamte Kontinuum hinweg. Workloads können sich dynamisch je nach Latenzanforderungen, Netzwerkbedingungen oder Verarbeitungskomplexität verschieben. Beispielsweise kann KI-Inferenzierung am Rand stattfinden, während das Modelltraining in der Cloud durchgeführt wird. Föderiertes Lernen, bei dem mehrere lokale Geräte gemeinsam ein Modell trainieren, ohne Rohdaten auszutauschen, gewinnt in datenschutzsensiblen Anwendungen wie der medizinischen Diagnostik oder autonomen Fahrzeugen an Bedeutung. Diese verteilte Intelligenz erfordert Orchestrierungsframeworks wie Kubernetes an der Schwelle, containerisierte Microservices und leistungsstarke Telemetriekanäle.

Eine weitere große Entwicklung ist die zunehmende Bedeutung KI-gestützter Orchestrierungs- und Selbstwiederherstellungsfunktionen. Mit der Skalierung von IoT-Ökosystemen wird eine manuelle Überwachung undurchführbar. KI-Händler können den Systemzustand überwachen, Katastrophen vorhersehen, Ressourcen zuweisen und Wiederherstellungsmaßnahmen autonom einleiten. Digitale Zwillinge – digitale Nachbildungen physischer Einheiten – ermöglichen Situationssimulation, Betriebstests und Optimierung in kontrollierten digitalen Umgebungen. Sie fungieren als Schnittstellen für die menschliche Interaktion und als Substrat für maschinelle Lernmodelle. Die Integration von Simulation, Telemetrie und Regelkreisen ermöglicht kontinuierliche Verbesserung und Flexibilität.

Die zunehmende Verbreitung von Low-Code- und No-Code-Entwicklungsumgebungen demokratisiert auch die Einführung von IoT-Umgebungen. Plattformen wie Node-RED, Blynk und Googles AppSheet ermöglichen es Nicht-Programmierern, IoT-Workflows zu gestalten, Dashboards zu erstellen und Paketprototypen über visuelle Schnittstellen zu entwickeln. Diese Tools abstrahieren die zugrunde liegende Komplexität und ermöglichen es Fachexperten, Innovationen zu entwickeln, ohne über tiefgreifende Kenntnisse in der Softwareentwicklung verfügen zu müssen. In Kombination mit Cloud-Funktionen, APIs und modularen Hardware- Kits wie Raspberry Pi oder Arduino ermöglichen sie agiles Experimentieren und eine schnelle Bereitstellung.

Mit Blick auf die Zukunft wird sich das Konzept von IoT-Ökosystemen und -Plattformen zunehmend mit großen technologischen Entwicklungen – Ubiquitous Computing, Ambient Intelligence und cyber-physischen Strukturen – verknüpfen. Das IoT wird in den Alltag integriert, weitgehend unsichtbar, aber dennoch tiefgreifend einflussreich. Die Grenze zwischen physisch und digital wird weiter verschwimmen, vermittelt durch Ökosysteme, die in Echtzeit wahrnehmen, denken und handeln. Plattformen werden sich zu einem intelligenten Gefüge entwickeln – kontextbewusst, adaptiv und ethisch –, das die Interaktion zwischen Mensch, Maschine und Umwelt steuert.

Der Erfolg von IoT-Ökosystemen hängt letztlich nicht nur von technischer Exzellenz ab, sondern auch von durchdachtem Design, inklusiver Governance und einer robusten Infrastruktur. Mit zunehmender Reife dieser Ökosysteme wird ihr Einfluss über Komfort und Funktionalität hinaus auch die Funktionsweise von Gesellschaften, die Entwicklung von Städten und die Interaktion der Menschheit mit der Welt prägen.

2.2 Intelligente Geräte und Datenerfassung

Im Bereich der Technologie erweisen sich intelligente Geräte als zentrale Elemente der Konnektivität und Datenerfassung. Diese mit Sensoren und Konnektivität ausgestatteten Geräte erfassen und übertragen nahtlos Echtzeitdaten. Von tragbaren Fitnesstrackern bis hin zu intelligenten Heimsystemen läuten sie eine neue Ära personalisierter Berichte und Effizienz ein. Da diese Geräte für den Alltag unverzichtbar werden, sind die von ihnen generierten Daten der Schlüssel zu fundierten Entscheidungen, mehr Komfort und zur Gestaltung einer Zukunft, in der Technologie eng mit unseren Wünschen und Sehnsüchten verknüpft ist.

2.2.1 Rolle der Sensorik

Sensoren spielen im komplexen Geflecht des Internets der Dinge (IoT) eine zentrale Rolle und fungieren als Vorreiter, die die Kluft zwischen der physischen und der digitalen Welt überbrücken. Diese unscheinbaren, aber leistungsstarken Geräte fungieren als Augen, Ohren und sogar Sinne der IoT-Community. Sie erfassen die Nuancen der realen Welt und übersetzen sie in verwertbare Informationen.

Im Zentrum des IoT stehen Sensoren, die die kritische Aufgabe haben, Echtzeit-Informationen aus der realen Umgebung zu erfassen. Ihre Fähigkeit, eine Reihe von Parametern zu messen, von Temperatur und Luftfeuchtigkeit bis hin zu Lichtintensität und Bewegung, macht sie für die Gestaltung unseres Wissens über die Welt um uns herum unverzichtbar. Diese Messungen bilden die Grundlage für Erkenntnisse, die die Auswahl steuern, Taktiken optimieren und Benutzerberichte verschönern.

Die Sensortechnologie hat eine beeindruckende Entwicklung durchlaufen, die die Entwicklung des IoT widerspiegelt. Fortschritte in der Materialwissenschaft, Mikrofabrikationstechniken und der drahtlosen

Kommunikation haben dazu geführt, dass Sensoren kleiner, effizienter und kostengünstiger werden. Diese Entwicklung hat die Sensorintegration demokratisiert und ermöglicht es ihnen, in eine Vielzahl von Geräten und Anwendungen Einzug zu halten.

Die Rolle der Sensortechnologie geht über die bloße Datenerfassung hinaus; sie bildet die Grundlage für die gesamte IoT-Umgebung. Sensoren fungieren als Kanäle, durch die unbelebte Objekte ein Gefühl von Bewusstsein erlangen und auf Veränderungen ihrer Umgebung reagieren können. Im intelligenten häuslichen Kontext können Sensoren beispielsweise Bewegungen erfassen und daraufhin Beleuchtung oder Temperatur anpassen. In der Landwirtschaft können Sensoren, die die Bodenfeuchtigkeit erfassen, Bewässerungssysteme steuern und so die Ernteerträge optimieren.

Darüber hinaus befreit die Verbindung von Sensortechnologie und drahtloser Kommunikation IoT-Geräte von den Einschränkungen physischer Verbindungen. Diese Freiheit ermöglicht es Sensoren, ihre Ergebnisse in Echtzeit zu kommunizieren und so den für die Auswertung verfügbaren Informationspool zu erweitern. Da diese Daten zur Verarbeitung in Cloud-Plattformen fließen, liefern sie Erkenntnisse, die Innovationen in allen Branchen vorantreiben – vom Gesundheitswesen und der Fertigung bis hin zu Transport und Stadtplanung.

Zusammenfassend lässt sich sagen, dass Sensoren die unbesungenen Helden des IoT sind und eine neue Generation von Konnektivität und Intelligenz einleiten. Ihre Rolle geht über die reine Informationsverarbeitung hinaus; sie ermöglichen Geräten die Interaktion mit ihrer Umgebung und verleihen der Idee einer vernetzten Umgebung Leben. Die Weiterentwicklung der Sensortechnologie wird sich auf jeden Aspekt unseres Lebens auswirken, die Innovationsentwicklung prägen und den Weg in eine bessere und vernetztere Zukunft weisen.

2.2.2 IoT und seine Präsenz im Alltag

Die allgegenwärtige Wirkung des Internets der Dinge (IoT) hat seine Rolle als technologische Idee überschritten und sich nahtlos in unser alltägliches Leben integriert. Durch eine Vielzahl vernetzter Geräte hat das IoT eine brandneue Ära eingeläutet, in der unsere Interaktionen mit der Generation fließend, intuitiv und transformativ sind.

An der Spitze dieses Wandels stehen intelligente Geräte, die zu allgegenwärtigen Begleitern unseres Alltags geworden sind. Von Smartphones, die uns als digitale Lebensadern dienen, bis hin zu intelligenten Haushaltsgeräten, die unsere Umgebung orchestrieren, haben diese Geräte die Art und Weise, wie wir mit der Welt um uns herum interagieren, revolutioniert.

Intelligente Geräte, die auf IoT-Konzepten basieren, ermöglichen Nutzern herausragende Kontrolle und Wahrnehmung. Denken Sie an das moderne Smart Home: ein Bereich, in dem Licht, Temperatur, Sicherheit und Unterhaltung zu einer harmonischen Symphonie verschmelzen. Smart-Home-Technologien, darunter Thermostate mit IoT-Funktionen, veranschaulichen diese Konvergenz. Diese intelligenten Geräte nutzen Sensordaten, um das Raumklima zu optimieren und die Temperatur basierend auf persönlichen Entscheidungen und Echtzeit-Umgebungsbedingungen anzupassen. Das Ergebnis ist nicht nur eine gesteigerte Energieeffizienz und Kosteneinsparungen, sondern auch ein höheres Maß an persönlichem Komfort.

Der Einfluss des IoT auf unseren Alltag geht weit über unsere eigenen vier Wände hinaus. Smart Cities nutzen sein Potenzial, um urbane Wohnräume zu verschönern, den Verkehr zu verbessern, die Stromversorgung aufrechtzuerhalten oder sogar die Abfallwirtschaft zu optimieren. Tragbare Geräte, die mit IoT-Funktionen ausgestattet sind, geben Aufschluss über unsere Fitness und unser Wohlbefinden und bieten Echtzeit-Einblicke in unsere körperliche Aktivität sowie wichtige Anzeichen und Symptome. Die gesammelten Informationen ermöglichen ein tieferes Verständnis unseres Körpers und ermöglichen uns, fundierte Entscheidungen für unseren Lebensstil zu treffen.

Der Einfluss des IoT beschränkt sich nicht nur auf Komfort; es verändert Branchen und treibt Innovationen voran. Im Gesundheitswesen erleichtern IoT-fähige klinische Geräte die Fernüberwachung von Patienten und ermöglichen frühzeitiges Eingreifen. In der Landwirtschaft optimieren in Felder eingebettete Sensoren Bewässerung und Düngung und revolutionieren so das Pflanzenmanagement. Das industrielle Internet der Dinge (IIoT) steigert die Leistung von Fertigungsprozessen, ermöglicht vorausschauende Wartung und optimierte Abläufe.

Im Wesentlichen deutet die unauffällige Präsenz des IoT in unserem Alltag auf einen enormen Wandel in unserem Umgang mit Technologie hin. Es löst die Grenzen zwischen der physischen und virtuellen Welt auf und ermöglicht uns, mit der Welt um uns herum auf eine Weise zu interagieren, die früher undenkbar war. Die fortschreitende Anpassung des IoT könnte seine Auswirkungen branchenübergreifend spürbar machen, Berichte aufwerfen und zu einem Schicksal beitragen, in dem Konnektivität und Intelligenz nahtlos in unseren Lebensstil verwoben sind.

2.2.3 Sicherheit und Datenschutz in IoT-Geräten

Die Entwicklung des Internets der Dinge (IoT) hat viele Branchen revolutioniert und bietet enormen Komfort, Leistung und Konnektivität. Diese Konnektivität bringt jedoch auch enorme Herausforderungen in Bezug auf Sicherheit und

Datenschutz mit sich. Da IoT-Geräte für das private, geschäftliche und öffentliche Leben unverzichtbar sind, werden sie zu einem Hauptziel von Cyberangriffen. Angesichts ihrer Vernetzung und der enormen Menge sensibler Daten, die sie sammeln und übertragen, sind die Sicherheit von IoT-Geräten und der Schutz der Privatsphäre ihrer Nutzer wichtige Aspekte, die bei deren Design, Bereitstellung und Betrieb berücksichtigt werden müssen.

Die Sicherheit von IoT-Geräten ist von entscheidender Bedeutung, da sie wichtige Strukturen steuern, darunter Gesundheitsüberwachung, industrielle Automatisierung, intelligentes Wohnen, Transport und wichtige Infrastruktur. Diese Geräte interagieren regelmäßig mit Cloud-Plattformen, lokalen Geräten und verschiedenen IoT-Endpunkten und entwickeln so umfangreiche Netzwerke, die sowohl vor internen als auch externen Bedrohungen geschützt werden müssen.

Eines der Hauptprobleme der IoT-Sicherheit ist die große Vielfalt der beteiligten Geräte, Protokolle und Systeme. IoT-Geräte reichen von einfachen Sensoren bis hin zu komplexen Systemen, die in kommerziellen Geräten oder medizinischen Geräten verbaut sind. Jedes Gerät kann zudem unterschiedliche Rechenleistung, Kommunikationsprotokolle und Leistungsbeschränkungen aufweisen, was die Anwendung herkömmlicher Sicherheitsmechanismen erschwert. Im Gegensatz zu Laptops oder Smartphones verfügen viele IoT-

Geräte nicht über erweiterte Sicherheitsfunktionen wie Firewalls oder robuste Verschlüsselung. Dadurch können Angreifer Schwachstellen ausnutzen, die sonst unentdeckt bleiben würden, was zu Funktionsverletzungen führen könnte.

Eine wesentliche Voraussetzung für die Sicherung von IoT-Geräten ist die Implementierung robuster Authentifizierungs- und Zugriffsmechanismen. Da IoT-Geräte häufig in dezentralen Umgebungen betrieben werden, ist es wichtig sicherzustellen, dass nur legale Geräte und Benutzer mit dem System interagieren können. Dies wird üblicherweise durch Mechanismen wie gegenseitige Authentifizierung, digitale Zertifikate, sichere Boot-Prozesse und tokenbasierte Authentifizierung erreicht. Public Key Infrastructure (PKI) wird häufig verwendet, um Vertrauen zwischen Geräten und Netzwerken herzustellen, indem durch Verschlüsselung stabile Kommunikationskanäle gewährleistet werden.

Datenverschlüsselung ist ein weiterer wichtiger Aspekt der IoT-Sicherheit. Geräte übertragen große Mengen sensibler Daten, von privaten Gesundheitsdaten bis hin zu Informationen über die Gerätesteuerung durch Unternehmen. Diese Daten werden häufig über unsichere Netzwerke übertragen und sind daher dem Risiko des Abfangens, der Manipulation oder des unbefugten Zugriffs ausgesetzt. Um diese Risiken zu minimieren, sollten IoT-Systeme robuste Verschlüsselungsprotokolle wie Transport Layer Security (TLS) und Advanced Encryption Standard (AES) verwenden, um die

Vertraulichkeit und Integrität der Daten während der Übertragung zu schützen. Darüber hinaus stellt eine End-to-End-Verschlüsselung sicher, dass die Daten vom Gerät bis in die Cloud oder zum Empfänger sicher verschlüsselt sind.

Ein weiteres wichtiges Sicherheitsthema im IoT ist die Anfälligkeit von Geräten für Malware und unbefugte Firmware- Änderungen. Unsichere Firmware kann ausgenutzt werden, um die Kontrolle über Geräte zu erlangen oder ganze Netzwerke zu infiltrieren. Eine gängige Angriffsmethode ist der Einsatz von Botnetzen, bei denen kompromittierte IoT-Geräte gekapert werden, um groß angelegte Angriffe, einschließlich Distributed Denial of Service (DDoS)-Angriffe, zu starten. Dies unterstreicht die Notwendigkeit stabiler Firmware-Update-Mechanismen, die das Patchen von Schwachstellen und die Aktualisierung der Gerätesoftware zum Schutz vor bekannten Bedrohungen ermöglichen. Over-the-Air (OTA)-Updates werden häufig eingesetzt, um sicherzustellen, dass Geräte zuverlässig per Fernzugriff aktualisiert werden können. Dabei werden kryptografische Signaturen verwendet, um die Authentizität des Updates zu bestätigen.

Darüber hinaus ist die Sicherung der Netzwerkinfrastruktur, die IoT-Geräte unterstützt, von entscheidender Bedeutung. Viele IoT-Systeme sind auf drahtlose Netzwerke wie WLAN, Bluetooth, Zigbee und Mobilfunknetze angewiesen, die dem Risiko von Abhör- und Störungsmeldungen ausgesetzt sein können. Der Schutz dieser

Netzwerke durch robuste Verschlüsselung und stabile Kommunikationsprotokolle ist entscheidend, um zu verhindern, dass Angreifer Daten abfangen oder unbefugten Zugriff auf Geräte erhalten. In vielen Fällen ist es auch wichtig, Intrusion Detection and Prevention Systems (IDPS) einzusetzen, um ungewöhnlichen Netzwerkverkehr zu erkennen und böswillige Aktivitäten zu verhindern.

Angesichts des Umfangs von IoT-Implementierungen spielt die Kontrolle des Gerätelebenszyklus eine wichtige Rolle für den Schutz. Dazu gehören die zuverlässige Bereitstellung von Geräten während des Onboarding-Prozesses, die kontinuierliche Überwachung auf Schwachstellen und die Außerbetriebnahme bzw. sichere Entsorgung von Geräten am Ende ihres Lebenszyklus. Jede Phase des Lebenszyklus erfordert robuste Sicherheitskontrollen, um zu verhindern, dass Ihre Geräte zu Angriffspunkten für Angreifer werden.

Während sich Sicherheit auf den Schutz von Systemen und Daten vor unbefugtem Zugriff konzentriert, dreht es sich beim Datenschutz darum, wie Informationen, insbesondere persönliche oder sensible Daten, erfasst, gespeichert und weitergegeben werden. Die Art und Weise, wie IoT-Geräte kontinuierlich Daten über Verhalten, Gesundheit, Standort und Aktivitäten von Nutzern sammeln und übermitteln, wirft erhebliche Bedenken hinsichtlich der Privatsphäre auf. IoT-Geräte sammeln regelmäßig große Mengen an persönlichen Daten, die zur Erstellung präziser Profile von Personen oder zur Echtzeitüberwachung ihrer Aktivitäten verwendet werden können. Dies birgt potenzielle Datenschutzrisiken, insbesondere wenn die Daten missbraucht oder Dritten zugänglich gemacht werden.

Die mit IoT-Geräten verbundenen Datenschutzrisiken werden dadurch verschärft, dass viele Geräte ständig eingeschaltet sind und ständig Daten sammeln, auch wenn die Nutzer diese nicht kennen. Ein intelligenter Lautsprecher zeichnet beispielsweise ständig Gespräche auf, während ein Fitness-Tracker Bewegungen, Schlafmuster und sogar Fitnessdaten aufzeichnet. Diese ständige Datensammlung schafft eine Überwachungsumgebung, in der Nutzer möglicherweise keine vollständige Kontrolle über ihre persönlichen Daten haben. Darüber hinaus werden die von IoT-Geräten gesammelten Daten regelmäßig zur Speicherung und Analyse an Cloud-Plattformen gesendet, wo sie anfällig für Datenlecks, unbefugten Zugriff oder Missbrauch sein können.

Eines der dringendsten Datenschutzprobleme ist die Datenerfassung ohne informierte Zustimmung. Nutzer von IoT-Geräten wissen möglicherweise nicht genau, welche Daten erfasst werden, wie sie verwendet werden und wer Zugriff darauf hat. Datenschutzbestimmungen und Nutzungsbedingungen für IoT-Geräte sind oft unklar, kompliziert oder für Nutzer schwer verständlich. Dieser Mangel an Transparenz kann zu einer unbeabsichtigten Weitergabe von Daten führen, beispielsweise an

Versicherungsunternehmen, Marketingagenturen oder andere Dritte. Um diesen Problemen zu begegnen, ist es wichtig, dass IoT-Hersteller klare, präzise und leicht zugängliche Informationen über ihre Datenerfassungspraktiken bereitstellen. Nutzer müssen die Möglichkeit haben, bestimmten Datenerfassungsaktivitäten zuzustimmen oder sie abzulehnen.

Datenminimierung ist ein Schlüsselprinzip zum Schutz der Privatsphäre in IoT-Systemen. Geräte sollten nur die für ihren Betrieb und ihre Funktionalität erforderliche Mindestmenge an Daten erfassen. Dies verringert das Risiko der Offenlegung sensibler Daten und minimiert die potenziellen Auswirkungen von Datenschutzverletzungen. Darüber hinaus müssen Datenanonymisierungstechniken eingesetzt werden, um die Identität von Personen vor den gesammelten Informationen zu schützen. Durch die Anonymisierung oder Pseudonymisierung von Daten wird sichergestellt, dass selbst wenn Daten kompromittiert werden, diese ohne zusätzliche Informationen nicht direkt einer Person zugeordnet werden können.

IoT-Geräte müssen Nutzern zudem detaillierte Kontrolle über ihre Daten ermöglichen. Dazu gehören Funktionen wie das Löschen oder Aktualisieren privater Daten, die Änderung von Berechtigungen und die Überprüfung, wer Zugriff auf die Daten hat. IoT-Systeme sollten zudem strenge Zugriffskontrollen implementieren, um sicherzustellen, dass nur berechtigte Nutzer und Geräte auf sensible Daten zugreifen können. Benutzeroberflächen müssen es Nutzern leicht machen, ihre Datenschutzeinstellungen zu ändern und zu verstehen, wie ihre Daten verwendet werden.

Rechtliche und regulatorische Rahmenbedingungen sind ebenfalls entscheidend, um Datenschutzbedenken im IoT auszuräumen. Die Datenschutz-Grundverordnung (DSGVO) der Europäischen Union hat einen Präzedenzfall für Datenschutzbestimmungen geschaffen. Sie schreibt vor, dass Unternehmen vor der Erhebung personenbezogener Daten die ausdrückliche Zustimmung der Nutzer einholen müssen und ihnen das Recht einräumen, diese Einwilligung jederzeit zu widerrufen. Neben der DSGVO haben auch andere Regionen und Länder Vorschriften zur Erfassung und Verwendung personenbezogener Daten in IoT-Systemen eingeführt oder erwägen die Einführung solcher Vorschriften. Hersteller und Netzbetreiber sollten die Einhaltung dieser Gesetze sicherstellen, um Konsequenzen zu vermeiden und die Privatsphäre der Nutzer zu schützen.

Trotz der zunehmenden Anerkennung der Bedeutung von Sicherheit und Datenschutz im IoT bleiben viele Herausforderungen bestehen. Eine der größten Herausforderungen ist die Fragmentierung der IoT-Ökosysteme. Angesichts der Vielzahl an Herstellern, Geräten und Kommunikationsprotokollen ist es schwierig, einheitliche Sicherheits- und Datenschutzstandards für alle IoT-Geräte zu erreichen. Darüber hinaus erschwert die Ressourcenbeschränkung vieler IoT-Geräte die Implementierung komplexer Sicherheits- und Datenschutzmechanismen ohne Leistungseinbußen.

Eine weitere Herausforderung ist das rasante Innovationstempo im IoT-Bereich. Mit der Einführung neuer Geräte, Technologien und Anwendungen verändert sich die Bedrohungslandschaft, und es werden neue Schwachstellen entdeckt. Um neuen Bedrohungen immer einen Schritt voraus zu sein und die Stabilität und Datenschutzsicherheit von IoT-Geräten zu gewährleisten, sind kontinuierliche Forschung, Entwicklung und die Zusammenarbeit zwischen Herstellern, Sicherheitsexperten und politischen Entscheidungsträgern erforderlich.

Die Zukunft der IoT-Sicherheit und des Datenschutzes wird voraussichtlich fortschrittlichere Technologien wie Blockchain, künstliche Intelligenz (KI) und maschinelles Lernen umfassen. Blockchain kann dezentrale, manipulationssichere Systeme zur Geräteauthentifizierung und Datenintegrität bieten, während KI und System-Mastering dazu beitragen können, Bedrohungen in Echtzeit zu erkennen und zu mindern. Darüber hinaus werden datenschutzfreundliche Technologien wie differenzielle Privatsphäre und homomorphe Verschlüsselung eine wichtige Rolle dabei spielen, Daten vertraulich zu behandeln und gleichzeitig wertvolle Erkenntnisse zu gewinnen.

Zusammenfassend lässt sich sagen, dass die Berücksichtigung von Sicherheits- und Datenschutzfragen angesichts der stetigen Weiterentwicklung und des Wachstums des IoT entscheidend für die sichere und verantwortungsvolle Nutzung dieser Technologien sein wird. Hersteller, politische Entscheidungsträger und Nutzer sollten zusammenarbeiten, um sichere, transparente und datenschutzfreundliche IoT-Ökosysteme zu schaffen. So können die Vorteile des IoT voll ausgeschöpft werden, ohne Vertrauen oder Sicherheit zu gefährden.

2.3 Smart Cities und Nachhaltigkeit

Das Konzept der Smart Cities verkörpert die Verschmelzung von Technologie und Nachhaltigkeit und gestaltet urbane Landschaften für eine bessere Zukunft. Durch die Nutzung vernetzter Geräte und faktenbasierter Erkenntnisse optimieren Smart Cities den Energieverbrauch, verbessern die Verkehrsinfrastruktur und steigern die Lebensqualität der Bevölkerung. Nachhaltigkeit rückt in den Mittelpunkt, da energieeffiziente Infrastruktur und umweltfreundliche Praktiken den Weg für grünere städtische Umgebungen ebnen. Die Entwicklung hin zu Smart Cities ist ein Beleg für unser Engagement, technologischen Fortschritt mit ökologischem Wohlbefinden in Einklang zu bringen und so eine nachhaltigere und lebenswertere Welt zu fördern.

2.3.1 Energieeffizienz und intelligente Infrastruktur

Im Zeitalter der Urbanisierung und des Umweltschutzes ist die Entstehung intelligenter Städte ein Beleg für die transformative Kraft des Internets der Dinge (IoT). Durch die nahtlose Integration IoT-fähiger Geräte in das Stadtbild revolutionieren intelligente Städte die Energieeffizienz und Nachhaltigkeit und ebnen den Weg für eine grünere und verantwortungsvollere Zukunft.

Im Mittelpunkt dieser Entwicklung steht die Synergie zwischen IoT und energieeffizienter Infrastruktur. Straßenlaternen, einst fester Bestandteil des Stadtbilds, haben sich zu intelligenten Einheiten entwickelt, die dynamisch auf das Auf und Ab des Stadtlebens reagieren. IoT-fähige Straßenlaternen sind mit Sensoren ausgestattet, die Umgebungslichtstärke und Verkehrsmuster in Echtzeit erfassen. Diese faktengesteuerte Intelligenz ermöglicht es den Leuchten, ihre Helligkeit anzupassen und so eine optimale Beleuchtung zu gewährleisten und gleichzeitig den Stromverbrauch in Zeiten geringerer Nachfrage zu minimieren.

Über die Straßenbeleuchtung hinaus erstreckt sich der Einfluss des IoT auch auf die Energieverteilung durch die Implementierung intelligenter Netze. Diese Netze verkörpern die Verbindung von Erzeugung und Nachhaltigkeit und orchestrieren den Energiefluss mit beispielloser Leistung. Smart Grids nutzen das IoT, um Daten aus verschiedenen Quellen zu sammeln und zu analysieren, darunter Energieverbrauchsmuster der Verbraucher und Nachfrageschwankungen in Echtzeit. Dieser datengesteuerte Ansatz ermöglicht eine präzise Energieverteilung, minimiert Energieverschwendung und reduziert den CO_2-Ausstoß.

Die Auswirkungen dieser IoT-getriebenen Innovationen sind tiefgreifend. Durch die Nutzung der Möglichkeiten von Echtzeit-Datenanalysen optimieren Smart Cities ihren Energieverbrauch auf außergewöhnliche Weise. Dies führt nicht nur zu Kosteneinsparungen für Kommunen und Einwohner, sondern bringt auch enorme Vorteile für die Umwelt. Die Reduzierung von Energieabfällen und CO_2-Emissionen trägt zu einer saubereren und nachhaltigeren städtischen Umwelt bei und steht im Einklang mit den weltweiten Bemühungen zur Bekämpfung des Klimawandels.

Die Verbindung von IoT und Energieeffizienz rationalisiert nicht nur den Betrieb, sondern läutet auch eine neue Ära des Bürgerengagements ein. Smart-City-Projekte fördern das Gefühl kollektiver Verantwortung und befähigen die Bürger, sich aktiv an Energiesparmaßnahmen zu beteiligen. Echtzeit-Datenvisualisierung und Feedback-Mechanismen ermöglichen es den Bürgern, ihren Energieverbrauch zu überwachen und so bewusstere Entscheidungen zu treffen.

Die Konvergenz von IoT und energieeffizienter Infrastruktur markiert einen Meilenstein in der Stadtentwicklung. Smart Cities, ausgestattet mit intelligenter

Straßenbeleuchtung, optimierter Stromverteilung und Echtzeit-Datenerfassung, prägen den Plan für eine nachhaltige und umweltbewusste Stadtzukunft. Mit fortschreitender Weiterentwicklung dieser Verbesserungen geht der Einfluss des IoT auf die Energieeffizienz über die bloße Technologie hinaus und wird zum Katalysator für ein grüneres, intelligenteres und harmonischeres Zusammenleben mit der uns umgebenden Umwelt.

2.3.2 Die Rolle des IoT im Transport- und Verkehrsmanagement

Der transformative Einfluss des Internets der Dinge (IoT) geht weit über die Energieeffizienz von Städten hinaus und umfasst einen Bereich, der die Lebensadern moderner Städte beeinflusst: Verkehr und Verkehrsmanagement. In einer Welt, die von Urbanisierung und steigenden Mobilitätsbedürfnissen geprägt ist, entwickelt sich das IoT zu einer zentralen Kraft, die die Art und Weise, wie wir navigieren, uns fortbewegen und den Verkehr von Menschen und Gütern steuern, neu definiert.

Zentral für diesen Wandel ist die Rolle des IoT in Verkehrssystemen, veranschaulicht durch das bahnbrechende Konzept der intelligenten Verkehrssteuerung. Traditionelle Verkehrsleuchten, lange Zeit als statische Einrichtungsgegenstände betrachtet, werden durch die IoT-Integration mit Intelligenz ausgestattet. Diese intelligente

Verkehrsbeleuchtung passt ihre Taktung dynamisch an die Echtzeit-Verkehrsströme an. Diese Reaktionsfähigkeit auf sich ändernde Situationen reduziert Staus, verkürzt Fahrzeiten und verbessert die Verkehrsleistung. Indem sie sich an das Auf und Ab des Stadtlebens anpassen, sind diese intelligenten Verkehrsleuchten ein Beweis für die Leistungsfähigkeit datengesteuerter Entscheidungsfindung.

Der Wandel geht jedoch über die Straßen hinaus und betrifft auch die Fahrzeuge, die sie befahren. Vernetzte Fahrzeuge, ausgestattet mit IoT-Kompetenzen, bilden ein komplexes Netzwerk, das das Fahrerlebnis neu definiert. Diese Fahrzeuge kommunizieren in Echtzeit miteinander, mit der Verkehrsinfrastruktur und sogar mit Fußgängern. Diese Kommunikation fördert ein Maß an Koordination, das die Sicherheit und Leistung auf den Straßen deutlich verbessert.

Die IoT-gestützte Fahrzeug-zu-Fahrzeug- (V2V) und Fahrzeug-zu-Infrastruktur-Kommunikation (V2I) ist der Grundstein dieser Revolution. Fahrzeuge teilen wichtige Daten wie Geschwindigkeit, Standort und Richtung mit, sodass nahe gelegene Fahrzeuge und Verkehrsstrukturen Gefahren oder Verkehrsengpässe vorhersehen und darauf reagieren können. Diese Vernetzung mindert Verletzungen, reduziert Verkehrsstaus und macht das tägliche Pendeln zu einem reibungslosen Ablauf.

Darüber hinaus tragen die durch die verknüpften Suchmaschinen generierten Statistiken dazu bei, umfassende

Einblicke in den Verkehr zu gewinnen. Diese Erkenntnisse ermöglichen es Stadtplanern und politischen Entscheidungsträgern, Verkehrsnetze zu optimieren, umweltfreundliche Routen zu planen und fundierte Entscheidungen zu treffen, die sowohl der Umwelt als auch den Bürgern zugutekommen.

Die Integration des IoT in Verkehr und Verkehrsmanagement verkörpert die Essenz urbaner Innovation. Sie verbindet die virtuelle mit der physischen Welt und schafft ein flüssiges, intelligentes und harmonisches System, das das urbane Mobilitätserlebnis ergänzt. Indem wir die Schnittstellen von IoT und Verkehr durchqueren, definieren wir die Art und Weise, wie wir uns in den Städten von morgen bewegen, engagieren und aufhalten, neu. Der Beginn des vernetzten Verkehrs steht bevor und verspricht eine Zukunft, in der Leistung, Sicherheit und Nachhaltigkeit in einer Symphonie datengetriebener Entwicklung zusammenfließen.

2. 3.3 Stadtplanung und Bürgerbeteiligung über IoT

Die Integration des Internets der Dinge (IoT) in die Stadtplanung verändert die Gestaltung, Verwaltung und Nutzung von Städten rasant. Die Fähigkeit des IoT, eine Vielzahl von Geräten – von Sensoren und Verkehrsampeln bis hin zu Abfallentsorgungssystemen und Umweltvideodisplays –

zu vernetzen, hat die Grundlage für intelligentere und nachhaltigere städtische Umgebungen geschaffen. Gleichzeitig eröffnet es neue Möglichkeiten für die Bürgerbeteiligung an der Planung und Verwaltung von Städten. Da Städte zunehmend auf datenbasierte Erkenntnisse angewiesen sind, um Ressourcen und Dienstleistungen zu optimieren, wird die Beteiligung der Öffentlichkeit an der Gestaltung dieser Entscheidungen zu einem entscheidenden Faktor moderner Stadtentwicklung.

In der konventionellen Stadtplanung war das Entscheidungssystem oft zentralisiert, wobei Stadtverwaltung, Stadtplaner und Bauträger maßgeblich über das Schicksal einer Stadt bestimmten. IoT-Technologien verändern diese Dynamik jedoch, indem sie Echtzeit-Datenerfassung und -analyse ermöglichen, die sowohl mit Regierungsbeamten als auch mit Bürgern geteilt werden können. Die daraus resultierende Transparenz und Zugänglichkeit von Statistiken ermöglicht es Bürgern, sich aktiv an Diskussionen über ihre Umgebung zu beteiligen, zur Politikgestaltung beizutragen und Entscheidungsträger für die Auswirkungen der Stadtentwicklung auf ihre Gemeinden zur Verantwortung zu ziehen.

Der größte Einfluss des IoT auf die Stadtplanung liegt in seiner Fähigkeit, zielgerichtete Echtzeitdaten bereitzustellen, die Entscheidungen hinsichtlich der Mittelzuweisung, der Infrastrukturverbesserung und von Nachhaltigkeitsprojekten unterstützen. In einer Stadt installierte IoT-Sensoren können verschiedene Aspekte des städtischen Lebens überwachen, von der Luftqualität und dem Verkehrsfluss bis hin zum Energieverbrauch und der Wasserversorgung. Diese Daten werden dann an wichtige Systeme übermittelt, wo sie analysiert und zur Erkennung von Trends, zur Erkennung von Ineffizienzen und zur Vorhersage zukünftiger Trends genutzt werden können.

IoT-basierte Verkehrsüberwachungssysteme liefern Stadtplanern beispielsweise Echtzeitdaten zu Verkehrsstaus, Fußgängerverkehr und der Nutzung öffentlicher Verkehrsmittel. Diese Statistiken ermöglichen es Planern, Verkehrsengpässe zu identifizieren, Ampelschaltungen zu optimieren und öffentliche Verkehrsmittel zu optimieren. Dies trägt letztendlich zur Verringerung von Staus und zur Verbesserung der Mobilität bei. Ebenso können IoT-basierte Umweltsensoren die Luft- und Wasserqualität überwachen. Städte können so die Schadstoffbelastung messen und proaktiv Maßnahmen zur Minderung von Umweltgefahren ergreifen.

Neben der Überwachung und Datenerfassung spielt das IoT auch eine Rolle bei der Optimierung des Ressourcenmanagements in städtischen Umgebungen. In Smart Cities können IoT-Systeme Prozesse wie die Müllabfuhr, die Straßenbeleuchtung und die Stromverteilung automatisieren und so die Effizienz städtischer Abläufe deutlich verbessern. Intelligente Müllcontainer erkennen beispielsweise, wann sie voll sind, und senden automatisch Benachrichtigungen an die Abfallentsorgung. So wird eine pünktliche Müllabfuhr gewährleistet und unnötige Fahrten minimiert. Ebenso können intelligente Straßenlaternen mit IoT-Sensoren ihre Helligkeit je nach Umgebungslicht und Fußgängerverkehr regulieren. So wird der Stromverbrauch gesenkt und gleichzeitig Sicherheit und Sichtbarkeit gewährleistet.

Die technologischen Fortschritte des IoT sind zwar erstaunlich, doch ihr wahrer Preis liegt darin, dass sie den Bürgern die aktive Mitgestaltung ihrer Städte ermöglichen. In vielen Städten fühlen sich die Bürger oft von den Planungsprozessen, die ihr tägliches Leben beeinflussen, abgeschnitten. Durch den Zugang der Bürger zu Echtzeitdaten und virtuellen Geräten ermöglicht das IoT eine inklusivere Stadtverwaltung und fördert die Zusammenarbeit zwischen Behörden, Stadtplanern und der Öffentlichkeit.

Ein wichtiger Aspekt der Bürgerbeteiligung durch das IoT ist die Verfügbarkeit offener Informationsstrukturen. Über diese Plattformen erhalten Bürger Zugriff auf eine Vielzahl von Statistiken über ihre Stadt, darunter Luftqualitätswerte, Verkehrslage und die Verfügbarkeit öffentlicher Dienste. Mit diesen Informationen können die Bürger die Herausforderungen ihrer Gemeinde besser verstehen und fundierte Entscheidungen zu den für sie wichtigsten Problemen treffen. Darüber hinaus ermöglichen IoT-basierte mobile Apps und Websites die direkte Meldung von Problemen an die örtlichen Behörden – sei es eine defekte Straßenlaterne, ein verstopfter Abfluss oder ein Schlagloch. Dies ermöglicht eine direktere und schnellere Kommunikation zwischen Bürgern und Stadtverwaltung und stellt sicher, dass Probleme schneller und effektiver gelöst werden.

Darüber hinaus kann die IoT-Technologie die Bürgerbeteiligung fördern, indem sie Strukturen für das Crowdsourcing von Daten und Ideen bereitstellt. In einigen Städten können Bürger beispielsweise durch die Installation kostengünstiger IoT-Sensoren in ihren Häusern oder öffentlichen Bereichen zur Überwachung der Luftqualität beitragen. Diese partizipative Datensammlung ermöglicht ein umfassenderes Bild der Umweltsituation in einer Stadt und ermöglicht es den Bürgern, zu Forschung und Politikgestaltung beizutragen. Darüber hinaus ermöglichen IoT-fähige Plattformen den Bürgern, städtische Entwicklungsinitiativen wie die Anlage neuer Parks, die Umgestaltung öffentlicher Bereiche oder die Umsetzung von Nachhaltigkeitsprojekten vorzuschlagen und darüber abzustimmen. Dieser partizipative Ansatz ermöglicht es Gruppen, die Entwicklung städtischer Planungen zu beeinflussen und stellt sicher, dass Entwicklungsentscheidungen die Wünsche und Prioritäten der Anwohner widerspiegeln.

Die Einbindung der Bürger in die Stadtplanung durch IoT hat zudem das Potenzial, die soziale Gerechtigkeit zu verbessern. Traditionelle Strategien der Stadtplanung marginalisieren häufig positive Unternehmen, insbesondere einkommensschwache oder Minderheitengruppen, deren Stimmen bei Entscheidungen nicht ausreichend berücksichtigt werden. IoT-Technologien können dieses Problem lösen, indem sie eine inklusivere Plattform für die Beteiligung bieten. Beispielsweise können IoT-fähige mobile Anwendungen eine breitere Bevölkerungsgruppe erreichen, einschließlich derjenigen, die keinen Zugang zu herkömmlichen öffentlichen Versammlungen haben oder sprachliche Einschränkungen haben. Durch die Demokratisierung des Zugangs zu Informationen und Engagement-Tools kann IoT dazu beitragen, dass alle Bürger, unabhängig von ihrer Geschichte oder Herkunft, bei der Gestaltung der Zukunft ihrer Stadt mitreden können.

Während das IoT enorme Möglichkeiten zur Verbesserung der Stadtplanung und der Bürgerbeteiligung bietet, bringt es auch zahlreiche Herausforderungen mit sich, die angegangen werden müssen, um seine Wirksamkeit und Inklusivität sicherzustellen.

Eine der größten Herausforderungen besteht darin, den Datenschutz und die Datensicherheit zu gewährleisten. Da IoT-Systeme umfangreiche Mengen persönlicher und sensibler Daten sowie Aufzeichnungen über Aktivitäten, Sport und Fitness erfassen, besteht die Gefahr, dass diese Informationen missbraucht oder kompromittiert werden. Die Privatsphäre der Bürger zu schützen und gleichzeitig die Nutzung von Daten für städtebauliche Zwecke zu ermöglichen, ist ein heikler Balanceakt. Um das Vertrauen der Öffentlichkeit in IoT-Systeme zu erhalten, ist es entscheidend, dass die Daten anonymisiert, verschlüsselt und sicher gespeichert werden.

Darüber hinaus erfordert die erfolgreiche Implementierung der IoT-Technologie erhebliche Investitionen in die Infrastruktur sowie kontinuierliche Renovierung und Unterstützung. Viele Städte, insbesondere in Entwicklungsregionen, stehen möglicherweise vor Herausforderungen bei der Finanzierung und Implementierung von IoT-Systemen in ihrem Stadtbild. Ohne ausreichende Investitionen in die digitale Infrastruktur könnten die Vorteile IoT-basierter Stadtplanung auf wohlhabendere Regionen oder Ballungszentren beschränkt bleiben, was bestehende Ungleichheiten verschärft.

Ein weiteres Projekt befasst sich mit der Möglichkeit des IoT, die digitale Kluft zu vertiefen. Obwohl IoT-Technologie Bürgern die Möglichkeit gibt, an Stadtplanungsstrategien mitzuwirken, kann der Zugang zu diesen Tools für bestimmte Bevölkerungsgruppen, darunter einkommensschwache oder ältere Menschen, eingeschränkt sein, denen möglicherweise auch die notwendigen digitalen Kompetenzen oder Ressourcen fehlen. Um eine inklusive Teilhabe zu fördern, ist es entscheidend, dass alle Bürger gleichberechtigten Zugang zu IoT-basierten Plattformen haben und diese Plattformen benutzerfreundlich für eine breite Nutzerschaft gestaltet sind.

Trotz dieser Herausforderungen bietet das IoT enorme Möglichkeiten für die Stadtplanung. Indem es Städten die Möglichkeit bietet, Echtzeitdaten zu sammeln und zu analysieren, das Ressourcenmanagement zu optimieren und die Bürger in den Entscheidungsprozess einzubeziehen, trägt das IoT dazu bei, intelligentere und reaktionsschnellere städtische Umgebungen zu schaffen. Da sich IoT-Technologien ständig weiterentwickeln, könnten sie die Städte der Zukunft noch weiter prägen und nachhaltigere, gerechtere und integrativere Stadtlandschaften fördern.

Vorausschauend wird sich das Potenzial des IoT, Stadtplanung und Bürgerbeteiligung zu verändern, erst mit der fortschreitenden technologischen Entwicklung weiterentwickeln. Zukünftige Fortschritte im IoT, darunter die Integration von künstlicher Intelligenz (KI), maschinellem Lernen und 5G-Konnektivität, werden eine noch komplexere Datenanalyse, Echtzeit-Entscheidungen und eine reibungslosere Kommunikation zwischen Bürgern und Stadtverwaltung ermöglichen. Da das IoT immer tiefer in das städtische Leben integriert wird, werden Städte anpassungsfähiger und reagieren auf die Bedürfnisse ihrer Bürger.

Langfristig könnte der Aufschwung von Smart Cities, die über das IoT betrieben werden, völlig neue Formen der Governance hervorbringen, bei denen die Bürger stärker direkt an der Gestaltung von Richtlinien und Entscheidungen beteiligt

werden. Die Integration der Blockchain-Technologie in das
IoT dürfte Transparenz und Verantwortung weiter verbessern
und eine kontinuierliche und überprüfbare Bürgerbeteiligung
im Planungssystem gewährleisten. Darüber hinaus wird die
Fähigkeit des IoT, die Nachhaltigkeit zu verbessern, Abfall zu
reduzieren und die Lebensqualität zu verbessern, weiterhin eine
treibende Kraft für die Entwicklung zukünftiger Städte bleiben.

Das IoT hat das Potenzial, die Stadtplanung durch
Echtzeit-Tracking, faktenbasierte Entscheidungsfindung und
stärkere Bürgerbeteiligung zu verändern. Zwar bleiben
Herausforderungen im Zusammenhang mit Datenschutz,
Datensicherheit und Zugänglichkeit bestehen, doch die
Möglichkeiten, die das IoT für die Entwicklung intelligenterer
und integrativerer Städte bietet, sind enorm. Während sich
Städte weiterentwickeln und an die Bedürfnisse ihrer Bürger
anpassen, wird das IoT eine zentrale Rolle bei der Gestaltung
der Stadtlandschaften der Zukunft spielen.

KAPITEL 3

Biotechnologie:
Gesundheitsrevolution durch
fortschrittliche Technologien

3.1 Gentechnik und Grundlagen der Biotechnologie

An der Schnittstelle von Wissenschaft und Innovation liegt die Gentechnik – ein Eckpfeiler der Biotechnologie. Dieses Feld ermöglicht es uns, genetisches Gewebe zu kontrollieren und zu verändern und so außergewöhnliche Potenziale für medizinische Durchbrüche und landwirtschaftliche Verbesserungen freizusetzen. Durch die Nutzung der Bausteine des Lebens können Wissenschaftler krankheitsresistente Pflanzen züchten, therapeutische Proteine entwickeln und sogar genetische Störungen korrigieren. Die Gentechnik ist ein Beleg für das Potenzial der Menschheit, die Pflanzenwelt zum Wohle der Gesellschaft neu zu gestalten, und unterstreicht die Macht und Verantwortung, die mit der Entschlüsselung der Geheimnisse des Lebens selbst verbunden sind.

3.1.1 CRISPR-Cas9-Technologie und genetische Bearbeitung

Die Biotechnologie erlebte mit der Einführung von CRISPR-Cas9, einem fortschrittlichen Gen-Editiergerät, das die Gentechnik auf ein bemerkenswertes Niveau katapultierte, einen grundlegenden Wandel. Die Auswirkungen dieser Technologie sind geradezu transformativ und versprechen eine

Umgestaltung der klinischen Heilmittel, der Landwirtschaft und unseres Wissens über das Dasein selbst.

CRISPR-Cas9 steht für „Clustered Regularly Interspaced Short Palindromic Repeats-CRISPR-related protein 9" und ist ein flexibles Gen-verbesserndes System, das durch die in bestimmten Bakterien entdeckten Immunmechanismen stimuliert wird. Diese Bakterien nutzen CRISPR-Cas9 zum Schutz vor Virusinfektionen, indem es virale DNA spaltet und unschädlich macht.

Wissenschaftler nutzten diesen natürlichen Mechanismus und bauten ihn zu einem Präzisionswerkzeug für die Manipulation genetischen Gewebes um. Im Kern besteht CRISPR-Cas9 aus zwei Hauptkomponenten: einer Leit-RNA (gRNA), die die Maschine zur Ziel-DNA-Sequenz führt, und dem Cas9-Enzym, das als molekulare Schere fungiert und die DNA präzise an der vorgesehenen Stelle schneidet.

Eine der herausragendsten Eigenschaften von CRISPR-Cas9 ist seine bemerkenswerte Präzision. Die gRNA kann so manipuliert werden, dass sie zu bestimmten DNA-Sequenzen passt, wodurch Forscher Gene mit einer bisher unvorstellbaren Genauigkeit anvisieren und bearbeiten können. Diese Präzision eröffnet unzählige Anwendungsmöglichkeiten, von der Korrektur krankheitsverursachender genetischer Mutationen bis hin zur Verbesserung der genetischen Eigenschaften von Pflanzen.

Im Bereich der Medizin birgt CRISPR-Cas9 grenzenloses Potenzial. Genetische Erkrankungen, die auf einzelne Genmutationen zurückzuführen sind, darunter Sichelzellenanämie und Mukoviszidose, können möglicherweise durch die Korrektur dieser Mutationen auf DNA-Ebene geheilt werden. Darüber hinaus ermöglicht die Technologie die Entwicklung personalisierter, auf die genetische Ausstattung einer Person zugeschnittener Behandlungen und läutet damit eine neue Ära der Präzisionsmedizin ein.

Über die Medizin hinaus hat CRISPR-Cas9 bahnbrechende Auswirkungen auf die Landwirtschaft. Durch die Optimierung der Pflanzengene können Wissenschaftler Pflanzen resistenter gegen Krankheiten machen, den Nährstoffgehalt verbessern und den Ertrag steigern. Diese Technologie könnte eine entscheidende Rolle bei der Bewältigung globaler Herausforderungen der Ernährungssicherheit und der Förderung nachhaltiger landwirtschaftlicher Praktiken spielen.

Die außergewöhnlichen Fähigkeiten von CRISPR-Cas9 werfen auch ethische und regulatorische Fragen auf. Da diese Technologie die Möglichkeit bietet, das Erbgut von Organismen dauerhaft zu verändern, ist besondere Aufmerksamkeit erforderlich, um einen verantwortungsvollen und ethischen Umgang mit dieser Technologie zu gewährleisten. Diskussionen über Sicherheit, Fairness und

Zugang zu diesen Fortschritten sind unerlässlich, da sich die Technologie ständig weiterentwickelt.

Die CRISPR-Cas9-Technologie gilt als Leuchtturm der Innovation in der Biotechnologie. Ihre Präzision, Vielseitigkeit und ihr Potenzial, die Medizin und die Landwirtschaft zu revolutionieren, unterstreichen die enorme Kraft menschlichen Einfallsreichtums und klinischer Entdeckungen. Während Forscher weiterhin die Geheimnisse der genetischen Bearbeitung lüften, steht die Gesellschaft an der Schwelle zu einer neuen Ära, in der die Grenzen des Möglichen durch unsere Fähigkeit definiert werden, den Code des Lebens selbst neu zu schreiben.

3.1.2 Auswirkungen der Biotechnologie auf Medizin und Landwirtschaft

Die Biotechnologie, die Schnittstelle zwischen Biologie und Produktion, hat bahnbrechende Veränderungen in der Medizin und Landwirtschaft vorangetrieben. Durch die Nutzung der Energie lebender Organismen und ihrer molekularen Prozesse hat die Biotechnologie innovative Lösungen für die Bewältigung kritischer Herausforderungen in diesen Bereichen erschlossen.

Die Biotechnologie hat die Pharmaindustrie revolutioniert und die Herstellung lebensrettender Medikamente ermöglicht, die einst als schwer fassbar galten. Mithilfe von Gentechnik und rekombinanter DNA-

Technologie können Wissenschaftler therapeutische Proteine, Hormone und Enzyme mit hoher Präzision herstellen. Beispielsweise wird Insulin, ein wichtiges Hormon zur Behandlung von Diabetes, heute mithilfe biotechnologischer Methoden produziert, was eine stabile Versorgung von Patienten weltweit gewährleistet. Monoklonale Antikörper, die gezielt auf bestimmte Krebszellen abzielen, haben eine neue Generation der Präzisionskrebstherapie eingeläutet.

Die Entwicklung der Biotechnologie hat den Weg für personalisierte Medikamente geebnet, die individuell auf die genetische Ausstattung eines Menschen zugeschnitten sind. Techniken wie die Gentherapie, bei der fehlerhafte Gene ersetzt oder repariert werden, versprechen vielversprechende Behandlungsmöglichkeiten für genetische Erkrankungen. Fortschritte in der Gensequenzierung haben zudem die Identifizierung krankheitsassoziierter genetischer Marker erleichtert und ermöglichen so eine frühzeitige Diagnose und gezielte Interventionen.

Die Biotechnologie hat die moderne Landwirtschaft durch die Entwicklung gentechnisch veränderter Organismen (GVO) revolutioniert. Diese Organismen, oft Pflanzen, werden so verändert, dass sie präzise Eigenschaften besitzen, die ihre Widerstandsfähigkeit, ihren Ertrag und ihren Nährstoffgehalt verbessern. GVO weisen eine höhere Resistenz gegen Schädlinge, Krankheiten und widrige Umweltbedingungen auf, wodurch der Bedarf an chemischen Eingriffen reduziert wird.

Dies trägt zu nachhaltigen landwirtschaftlichen Praktiken und einer höheren Ernteproduktivität bei.

Die Biotechnologie hat es ermöglicht, das Nährstoffprofil von Pflanzen zu verbessern. Golden Rice beispielsweise wurde so gezüchtet, dass er einen erhöhten Vitamin-A-Gehalt aufweist, um Ernährungsdefizite in Regionen zu beheben, in denen Reis ein Grundnahrungsmittel ist. Ebenso wurden bioangereicherte Pflanzen entwickelt, die reich an wichtigen Vitaminen sind, um Unterernährung zu bekämpfen und die öffentliche Gesundheit zu verbessern.

Biotechnologische Verbesserungen in der Landwirtschaft können den ökologischen Fußabdruck der Landwirtschaft verringern. GVO, die weniger Pestizide und Herbizide benötigen, reduzieren die Freisetzung gefährlicher chemischer Verbindungen in die Umwelt. Darüber hinaus tragen biotechnologische Fortschritte zu einer effizienteren Wasser- und Ressourcennutzung bei und stehen im Einklang mit nachhaltigen landwirtschaftlichen Praktiken.

Die Auswirkungen der Biotechnologie gehen über ihre klinischen und finanziellen Auswirkungen hinaus. Ethische Fragen rund um GVO, die Patentierung von genetischem Material und den Zugang zu biotechnologischen Heilmitteln haben Diskussionen über eine gerechte Verteilung und verantwortungsvolle Innovation ausgelöst. Die Abwägung der Vorteile der Biotechnologie mit moralischen und gesellschaftlichen Bedenken ist entscheidend für ihre verantwortungsvolle Integration in verschiedene Sektoren.

Die Biotechnologie gilt als Leuchtturm der Innovation und prägt sowohl die Medizin als auch die Landwirtschaft. Ihr Einfluss reicht von der Entwicklung lebensrettender Medikamente bis hin zur Transformation landwirtschaftlicher Praktiken. Sie verändert die Art und Weise, wie wir gesundheitskritische Situationen bewältigen und eine wachsende Weltbevölkerung nachhaltig ernähren. Während sich die Biotechnologie weiterentwickelt, steht die Gesellschaft vor der Herausforderung, ihr Potenzial zu nutzen und gleichzeitig das komplexe Netz moralischer, regulatorischer und medizinischer Aspekte zu meistern.

3.1.3 Synthetische Biologie und Biofabrikation

Synthetische Biologie und Biofabrikation stehen an der Schnittstelle zwischen Biowissenschaften und Ingenieurwesen und bieten bemerkenswerte Möglichkeiten für die Transformation von Gesundheitswesen, Landwirtschaft und Produktion. Wir stehen an der Schwelle zu einer neuen Generation der Biotechnologie und die synthetische Biologie verspricht, die Art und Weise, wie wir Design und Herstellung organischer Strukturen angehen, zu revolutionieren. Gleichzeitig bietet die Biofabrikation die Möglichkeit, diese Strukturen auf bisher undenkbare Weise zu konstruieren. Gemeinsam sind diese Bereiche in der Lage, Branchen neu zu gestalten und zur Bewältigung einiger der dringendsten Herausforderungen der Welt beizutragen, darunter Krankheiten, Ernährungssicherheit und ökologische Nachhaltigkeit.

Synthetische Biologie ist ein multidisziplinäres Fachgebiet, das Biologie, Ingenieurwesen, Computertechnologie und Chemie kombiniert, um neue biologische Komponenten, Strukturen und Organismen zu entwickeln und zu konstruieren, die in der Natur nicht vorkommen, oder bestehende organische Strukturen für neue Zwecke umzugestalten. Sie baut auf den Konzepten der Gentechnik auf, verfolgt jedoch einen systematischeren, ingenieurwissenschaftlich ausgerichteten Ansatz für die Entwicklung und Herstellung biologischer Zusatzstoffe. Ziel der künstlichen Biologie ist es, die Biologie vorhersehbarer, modularer und skalierbarer zu machen, indem organische Systeme als technische Systeme behandelt werden. Dies ermöglicht die Entwicklung komplexerer, maßgeschneiderter Organismen.

Im Kern basiert die synthetische Biologie auf der Manipulation von DNA zur Schaffung neuartiger organischer Strukturen. Wissenschaftler verwenden standardisierte genetische Bausteine, sogenannte BioBricks, um neue Gene und Proteine mit bestimmten Funktionen zu konstruieren. Diese Bausteine können zu größeren, komplexeren Systemen zusammengesetzt werden, beispielsweise zu synthetischen

Prozessen für die Herstellung von Medikamenten, Biokraftstoffen oder anderen wertvollen Chemikalien. Durch die Kombination und Neuprogrammierung natürlicher organischer Mechanismen ermöglicht die synthetische Biologie Forschern die Entwicklung von Organismen mit neuen Funktionalitäten und eröffnet so Anwendungsmöglichkeiten in einer Vielzahl von Branchen.

Die Fähigkeit, organische Systeme von Grund auf neu zu gestalten, anstatt bestehende zu bearbeiten, ist eines der Markenzeichen der künstlichen Biologie. Diese Methode eröffnet neue Möglichkeiten für die Entwicklung von Organismen, die völlig neuartige Aufgaben erfüllen können – darunter auch Bakterien, die auf Schadstoffen oder Blumen, aus denen Biokraftstoffe hergestellt werden könnten – und fördert Studien in Bereichen wie Umweltüberwachung, Gesundheitswesen und nachhaltige Stromerzeugung.

Biofabrikation, ein Schlüsselelement der künstlichen Biologie, bezeichnet die Verwendung organischer Materialien wie Zellen, Gewebe und Biomoleküle zur Herstellung funktionaler Produkte. Im Gegensatz zu konventionellen Fertigungsverfahren, die auf synthetischen Materialien wie Metallen, Kunststoffen und Chemikalien basieren, zielt die Biofabrikation darauf ab, lebende Organismen zu nutzen, um Produkte umweltverträglich und biologisch geeignet herzustellen. Sie stellt eine Konvergenz von Biologie und Ingenieurwesen dar, um innovative Lösungen für eine Vielzahl von Branchen zu schaffen, vom Gesundheitswesen über die Fertigung bis hin zum Umweltschutz.

Die Biofabrikation kombiniert Methoden der künstlichen Biologie, darunter Gentechnik und Genoptimierung, mit fortschrittlichen Produktionstechnologien, wie beispielsweise 3D-Druck. Ziel ist die Entwicklung funktionaler biologischer Substanzen und Systeme für vielfältige Anwendungen, darunter Tissue Engineering, regenerative Therapie und nachhaltige Produktionsmethoden. Eine der vielversprechendsten Anwendungen der Biofabrikation ist die Herstellung dreidimensional dargestellter Gewebe und Organe. Mithilfe von Bioprinting-Techniken können Forscher Zellen, Biomaterialien und Wachstumsfaktoren schichten, um Gewebe zu konstruieren, die die Eigenschaften menschlicher Organe nachahmen. Dies könnte den Bereich der regenerativen Medizin revolutionieren, indem es die Entwicklung funktionaler Gewebe für Transplantationen und die Behandlung von Krankheiten ermöglicht.

Beispielsweise wird 3D-Bioprinting zur Herstellung synthetischer Gewebe für die Arzneimittelforschung eingesetzt. So können Forscher die Wirkung von Arzneimitteln an lebenden Zellen testen, ohne Tiermodelle zu benötigen. Zukünftig soll diese Technologie die Entwicklung voll funktionsfähiger Organe ermöglichen, die bei Patienten mit Herz- oder Lebererkrankungen beschädigtes Gewebe ersetzen können. Darüber hinaus kann Biofabrikation den Bedarf an Tierversuchen verringern, indem sie präzisere Modelle menschlicher Erkrankungen und Behandlungsergebnisse liefert.

Über den Gesundheitsbereich hinaus verspricht die Biofabrikation auch nachhaltigere Produktionspraktiken. Durch die Nutzung biologischer Systeme zur Materialherstellung könnten wir die Umweltbelastung traditioneller Produktionstechniken, die oft auf fossilen Brennstoffen und giftigen Chemikalien basieren, reduzieren. So könnten beispielsweise mithilfe der Biofabrikation biologisch abbaubare Kunststoffe, biobasierte Textilien und sogar Baumaterialien hergestellt werden, die sowohl umweltfreundlich als auch funktional sind. Diese bioproduzierten Materialien könnten erdölbasierte Kunststoffe ersetzen, die einen Hauptverursacher der Umweltverschmutzung darstellen, und so zur Eindämmung der globalen Plastikmüllkrise beitragen.

Ein besonders großes Anwendungsgebiet der synthetischen Biologie ist die Medizin. Sie ermöglicht die Herstellung maßgeschneiderter Zellen und Organismen, die zur Herstellung verschreibungspflichtiger Medikamente, Impfstoffe und Diagnosegeräte eingesetzt werden können. Diese Methode dürfte die Arzneimittelforschung und -produktion revolutionieren und sie schneller, kostengünstiger und skalierbarer machen. So wurden beispielsweise mithilfe künstlicher Biologie Hefezellen erzeugt, die Artemisinin produzieren können, einen Schlüsselbestandteil von

Malariakapseln, und so eine kostengünstigere und nachhaltigere Quelle für dieses wichtige Medikament darstellen.

Die synthetische Biologie spielt auch eine entscheidende Rolle bei der Entwicklung von Gentherapien und personalisierter Medizin. Durch die Neuprogrammierung von Zellen zur Korrektur genetischer Defekte oder zur Bekämpfung spezifischer Krankheiten ebnen Forscher den Weg für neue, zielgerichtete Behandlungen von Erkrankungen wie Krebs, genetischen Störungen und Autoimmunerkrankungen. CRISPR-Cas9, ein leistungsstarkes Gen-Editing-System, hat sich zu einer grundlegenden Technologie in der synthetischen Biologie entwickelt und ermöglicht es Wissenschaftlern, die DNA lebender Organismen präzise zu verändern. Dies ermöglichte Fortschritte in der Gentherapie, bei der fehlerhafte Gene repariert oder verändert werden, um eine Vielzahl genetischer Erkrankungen zu behandeln.

Darüber hinaus wird die künstliche Biologie genutzt, um biotechnologisch hergestellte Organismen zu schaffen, die in der Lage sind, heilende Proteine, Antikörper und andere biologische Medikamente zu produzieren. Dies könnte die Produktion von Biologika revolutionieren und diese lebensrettenden Behandlungen Patienten weltweit zugänglicher machen. Darüber hinaus dürfte die künstliche Biologie die Entwicklung künstlicher Impfstoffe ermöglichen, die schneller verfügbar und besser an neu auftretende Krankheiten anpassbar sind. Die COVID-19-Pandemie beispielsweise hat die Entwicklung künstlicher Biologiemethoden für die Impfstoffproduktion vorangetrieben und wertvolle Erkenntnisse darüber geliefert, wie diese Technologien zur Reaktion auf globale Gesundheitskrisen eingesetzt werden können.

Synthetische Biologie und Biofabrikation finden auch in der Landwirtschaft Anwendung, wo sie Lösungen zur Verbesserung der Lebensmittelsicherheit, zur Verringerung der Umweltbelastung und zur Steigerung der Ernteerträge bieten. Mithilfe synthetischer Biologie können Pflanzen gentechnisch so verändert werden, dass sie resistent gegen Schädlinge sind, extreme Umweltbedingungen tolerieren oder nahrhaftere Lebensmittel produzieren. So werden beispielsweise Methoden der synthetischen Biologie eingesetzt, um genetisch veränderte Pflanzen zu züchten, die dürreresistent sind, den Bewässerungsbedarf reduzieren und die Nahrungsmittelverfügbarkeit in Gebieten mit Wasserknappheit sicherstellen.

Darüber hinaus kann die künstliche Biologie die Nachhaltigkeit landwirtschaftlicher Praktiken verbessern, indem sie die Abhängigkeit von chemischen Insektiziden und Düngemitteln verringert. Biotechnologisch hergestellte Organismen können schädliche Chemikalien in der Landwirtschaft ersetzen und so umweltfreundlichere Alternativen zur Schädlingsbekämpfung und

Bodenanreicherung bieten. Biofabrikation könnte auch bei der Entwicklung von im Labor gezüchtetem Fleisch eine Rolle spielen, das die Umweltauswirkungen der konventionellen Rinderhaltung, einschließlich Treibhausgasemissionen, Landnutzung und Wasserverbrauch, reduzieren kann. Durch die Züchtung von Fleisch im Labor mithilfe kultivierter Zellen könnte die Biofabrikation den Weg für eine nachhaltigere und ethischere Lebensmittelproduktion ebnen.

Wie bei jeder heranwachsenden Generation werfen künstliche Biologie und Biofabrikation wichtige moralische und gesellschaftliche Fragen auf. Die Möglichkeit, Lebensformen zu erschaffen und organische Systeme neu zu programmieren, stellt enorme Herausforderungen hinsichtlich Schutz, Regulierung und moralischer Verpflichtung dar. So wirft beispielsweise das Aufkommen gentechnisch veränderter Organismen (GVO) Fragen hinsichtlich möglicher unbeabsichtigter Auswirkungen auf, darunter die versehentliche Freisetzung veränderter Organismen in die freie Natur, die Ökosysteme stören oder die Artenvielfalt schädigen können.

Ebenso weitreichend sind die moralischen Implikationen der Biofabrikation und der Genmanipulation. Da die künstliche Biologie die Schaffung von Organismen mit neuartigen Eigenschaften oder Fähigkeiten ermöglicht, stellen sich Fragen hinsichtlich des Besitzes und der Patentierung dieser neuen Lebensdokumente. Wem gehört das geistige Eigentum an einem gentechnisch veränderten Organismus, und wer haftet für etwaige unbeabsichtigte Folgen seiner Nutzung? Diese Fragen müssen beantwortet werden, um sicherzustellen, dass die Vorteile der künstlichen Biologie gerecht verteilt und ihre Risiken gut kontrolliert werden.

Darüber hinaus wirft das Potenzial der künstlichen Biologie, maßgeschneiderte Organismen mit einzigartigen Eigenschaften zu erschaffen – darunter auch kultiviertere Säuglinge oder Organismen mit besonderen Fähigkeiten – Fragen nach sozialer Ungleichheit und dem Missbrauchspotenzial dieser Technologie auf. Da die Grenzen zwischen natürlicher und künstlicher Existenz verschwimmen, muss sich die Gesellschaft mit Problemen im Zusammenhang mit der menschlichen Verbesserung, der genetischen Modifikation und der Regulierung neuer Biotechnologien auseinandersetzen.

Synthetische Biologie und Biofabrikation bilden die Speerspitze der Biotechnologie und bieten transformatives Potenzial in zahlreichen Sektoren – von der Gesundheitsversorgung und Landwirtschaft bis hin zu Produktion und ökologischer Nachhaltigkeit. Durch die Entwicklung maßgeschneiderter Organismen und die Nutzung biologischer Systeme für die Produktion versprechen diese Technologien, Branchen zu revolutionieren, die Lebensqualität zu verbessern und einige der dringendsten Herausforderungen unserer Zeit zu lösen. Wie bei allen neuen Technologien müssen jedoch die Vorteile sorgfältig gegen die potenziellen

Risiken abgewogen und die ethischen, regulatorischen und gesellschaftlichen Auswirkungen berücksichtigt werden, um sicherzustellen, dass diese wirksamen Instrumente verantwortungsvoll und zielgerecht eingesetzt werden. Da Forschung und Entwicklung in der synthetischen Biologie und Biofabrikation kontinuierlich voranschreiten, sind die Möglichkeiten für Innovation und Fortschritt grenzenlos und eröffnen spannende Chancen für die Zukunft der Biotechnologie.

3.2 Personalisierte Medizin und genetische Tests

Der Aufstieg der personalisierten Medizin hat die Gesundheitsversorgung revolutioniert. Genetische Tests, ein Eckpfeiler dieses Paradigmenwechsels, ermöglichen maßgeschneiderte Behandlungen, die vollständig auf der individuellen genetischen Ausstattung einer Person basieren. Diese Präzisionsmethode gibt Patienten Einblick in ihre Gesundheitsrisiken und ermöglicht proaktive Entscheidungen. Von der Identifizierung genetischer Prädispositionen bis hin zur Anpassung therapeutischer Interventionen nutzt die personalisierte Behandlung unseren genetischen Bauplan, um gezielte Antworten zu liefern und markiert damit einen bahnbrechenden Schritt hin zu einer effektiveren und patientenzentrierten Gesundheitsversorgung.

3.2.1 Genetische Beratung und therapeutische Ansätze

Die Entwicklung der Biotechnologie hat eine neue Technologie in der Arzneimittelherstellung hervorgebracht, die sich durch außerordentliche Personalisierung und Präzision auszeichnet. Genetische Beratung und maßgeschneiderte Therapieverfahren veranschaulichen die tiefgreifende Wirkung biotechnologischer Fortschritte und verändern unser Verständnis, unsere Prävention und unseren Umgang mit Krankheiten.

Genetische Beratung ist ein wichtiger Bestandteil der individuellen Behandlung. Sie gibt Patienten Einblick in ihre genetische Ausstattung und deren mögliche Auswirkungen auf ihre Gesundheit. Durch genetische Untersuchungen und Analysen können Patienten ein tieferes Verständnis ihrer genetischen Veranlagungen, ihrer Anfälligkeit für bestimmte Krankheiten und erblicher Erkrankungen gewinnen, die sie oder ihre Nachkommen betreffen können.

Genetische Berater spielen eine zentrale Rolle bei der Orientierung im komplexen Panorama genetischer Fakten. Sie bieten Kontext, interpretieren Testergebnisse und unterstützen Betroffene dabei, fundierte Entscheidungen über ihre Gesundheit und mögliche Eingriffe zu treffen. Dieses System ermöglicht es Betroffenen, proaktiv Risiken zu minimieren und Lebensstilentscheidungen zu treffen, die ihrem genetischen Profil entsprechen.

Biotechnologische Fortschritte ermöglichen maßgeschneiderte Heilmethoden. Das Konzept der Präzisionsmedizin zielt darauf ab, medizinische Eingriffe auf die genetische Ausstattung eines Menschen abzustimmen und so gezielte und wirksame Behandlungen zu ermöglichen. Besonders vielversprechend ist dieser Ansatz in der Onkologie, wo Behandlungspläne speziell auf Krebszellen basierend auf genetischen Mutationen zugeschnitten werden können.

Die Pharmakogenomik ist ein wichtiger Aspekt der personalisierten Medizin, die genetische Daten zur Optimierung der Arzneimitteltherapie nutzt. Durch die Kenntnis der genetischen Merkmale einer Person, die den Arzneimittelstoffwechsel und die Arzneimittelreaktion beeinflussen, können Ärzte Medikamente verschreiben, die mit hoher Wahrscheinlichkeit wirksam und gut verträglich sind. Dies verstärkt nicht nur die Behandlungseffekte, sondern minimiert auch negative Folgen.

Die Gentherapie, ein hochmoderner biotechnologischer Ansatz, verspricht enormes Potenzial für die Behandlung genetischer Störungen an der Wurzel. Bei diesem Verfahren werden gesunde Gene in Zellen eingebracht, um fehlerhafte Gene zu korrigieren oder zu ersetzen. In Fällen, in denen eine einzelne Genmutation eine Krankheit verursacht, bietet die Gentherapie die Möglichkeit, durch die Behandlung der zugrunde liegenden genetischen Anomalie eine dauerhafte Heilung zu erreichen.

Obwohl die Möglichkeiten genetischer Beratung und personalisierter Behandlungspläne groß sind, wirft ihre Umsetzung moralische und regulatorische Fragen auf. Datenschutzbedenken, ein gleichberechtigter Zugang zu genetischen Daten und der verantwortungsvolle Umgang mit genetischen Daten sind wichtige Bereiche, die mit zunehmender Qualität dieser Verfahren sorgfältig abgewogen werden müssen.

Genetische Beratung und maßgeschneiderte Therapieansätze verkörpern die Verschmelzung von Biotechnologie und Medizin und bieten einen Einblick in eine Zukunft, in der die Gesundheitsversorgung so individuell ist wie unser genetischer Fingerabdruck. Durch ein tieferes Verständnis unserer genetischen Ausstattung und die Präzision personalisierter Behandlungen verändert die Biotechnologie nicht nur die medizinische Landschaft, sondern ermöglicht es Menschen auch, ihre Gesundheit und ihr Wohlbefinden auf beispiellose Weise selbst in die Hand zu nehmen.

3.2.2 Beitrag genetischer Tests zur öffentlichen Gesundheit

Die Schnittstelle zwischen Biotechnologie und öffentlicher Gesundheit wird durch die zentrale Rolle genetischer Tests bei der Gestaltung von Präventionsstrategien und dem Wohlbefinden des Einzelnen verdeutlicht. Da genetische Erkenntnisse immer zugänglicher werden, geht die

Wirkung genetischer Tests über den Einzelnen hinaus, umfasst ganze Bevölkerungsgruppen und beeinflusst umfassendere Gesundheitsprojekte.

Genetische Tests ermöglichen ein tieferes Verständnis der genetischen Veranlagung für verschiedene Krankheiten. Mit diesem Wissen können Betroffene fundierte Entscheidungen über ihren Lebensstil, die Häufigkeit von Vorsorgeuntersuchungen und frühzeitige Interventionsmaßnahmen treffen. Beispielsweise können Menschen mit einem erhöhten Risiko für Herz-Kreislauf-Erkrankungen ein herzgesundes Verhalten annehmen und sich häufiger untersuchen lassen.

Genetische Tests ermöglichen personalisierte Screening-Verfahren durch die Identifizierung präziser genetischer Marker, die mit Krankheiten in Zusammenhang stehen. Dies ermöglicht eine frühere Erkennung und ermöglicht es Gesundheitsdienstleistern, maßgeschneiderte Screening-Pläne und Interventionen durchzusetzen. Eine frühzeitige Erkennung ist in der Regel ein entscheidender Faktor für eine bessere Behandlungswirkung.

Aggregierte genetische Daten aus verschiedenen Populationen liefern wertvolle Einblicke in Gesundheitstrends und -muster auf Bevölkerungsebene. Durch die Untersuchung genetischer Variationen und ihrer Assoziationen mit Krankheiten können Forscher Cluster genetischer

Prädispositionen identifizieren, die in bestimmten ethnischen Gruppen oder Regionen typisch sind.

Die aus genetischen Tests gewonnenen Daten tragen zur Entwicklung gezielter Präventionsstrategien bei. Öffentliche Gesundheitseinrichtungen können Programme entwickeln, die häufige genetische Risikofaktoren berücksichtigen, darunter gezielte Screenings und Interventionen für Gruppen mit einer höheren Prävalenz bestimmter genetischer Erkrankungen.

Da genetische Daten zu einem Eckpfeiler öffentlicher Gesundheitsprojekte werden, sind Datenschutz und Privatsphäre von größter Bedeutung. Um die Akzeptanz im Gesundheitssystem zu erhalten, ist es entscheidend, dass mit den genetischen Informationen von Einzelpersonen verantwortungsvoll umgegangen wird und ihre Zustimmung zur Verwendung in der Forschung eingeholt wird.

Der ethische Umgang mit genetischen Daten ist sowohl in der Forschung als auch im Bereich der öffentlichen Gesundheit von Bedeutung. Die Herstellung eines Gleichgewichts zwischen der Weiterentwicklung medizinischer Informationen und dem Schutz natürlicher Rechte und Interessen ist ein langwieriges Projekt, das sorgfältiger Aufmerksamkeit bedarf.

Genetische Tests stellen ein neues Paradigma in der öffentlichen Gesundheit dar. Sie verbinden Erkenntnisse über die individuelle genetische Ausstattung mit informationsbasierten Methoden, um Gesundheit und

Wohlbefinden im größeren Maßstab zu fördern. Diese Synergie zwischen Biotechnologie, Informatik und öffentlichen Gesundheitsprojekten fördert einen ganzheitlichen Ansatz zur Krankheitsprävention, der präzisere und wirksamere Interventionen ermöglicht. Da genetische Tests zunehmend in Gesundheitssysteme integriert werden, können sie nicht nur unseren Umgang mit Gesundheitsproblemen, sondern auch unsere Vision der Zukunft der öffentlichen Gesundheit auf globaler Ebene verändern.

3.2.3 Pharmakogenomik und Arzneimittelentwicklung

Die Pharmakogenomik ist ein sich rasant entwickelndes Forschungsgebiet, das Pharmakologie – die Wissenschaft der Medizin – und Genomik – die Untersuchung von Genen und ihren Funktionen – vereint, um besser zu verstehen, wie genetische Variationen die Reaktion von Menschen auf Medikamente beeinflussen. Diese Integration revolutioniert die Entwicklung, Verschreibung und Verabreichung von Medikamenten und hat tiefgreifende Auswirkungen auf die personalisierte Medizin und die Behandlung einer Vielzahl von Krankheiten. Durch die Anpassung von Behandlungen an das genetische Profil einer Person verspricht die Pharmakogenomik, die Wirksamkeit von Therapien zu verbessern, unerwünschte Arzneimittelwirkungen zu verringern und letztendlich die Patientenergebnisse zu verbessern. Diese

Disziplin steht an der Schnittstelle von Genetik, Biotechnologie und Gesundheitswesen und bietet neue Wege zur Optimierung der Arzneimittelentwicklung und Präzisionsmedizin.

Menschen haben eine gemeinsame genetische Ausstattung, doch kleine Variationen in unserer DNA können zu erheblichen Unterschieden in der Reaktion auf Medikamente führen. Diese genetischen Variationen, sogenannte Polymorphismen, können die Aufnahme, den Stoffwechsel, die Wirksamkeit und die Toxizität von Medikamenten beeinflussen. Die Pharmakogenomik versucht, diese genetischen Marker zu verstehen und ihre Rolle bei der Arzneimittelreaktion zu verstehen. Beispielsweise können Variationen in Genen, die für arzneimittelmetabolisierende Enzyme kodieren, beeinflussen, wie schnell oder langsam ein Mensch ein Medikament verstoffwechselt, was wiederum die Wirksamkeit des Medikaments beeinträchtigen oder toxische Nebenwirkungen verursachen kann.

Eines der bekanntesten Beispiele für die praktische Anwendung der Pharmakogenomik ist der Einfluss genetischer Variationen auf den Stoffwechsel des Antikoagulans Warfarin. Warfarin wird häufig zur Vorbeugung von Blutgerinnseln eingesetzt, seine Dosierung ist jedoch aufgrund der unterschiedlichen Einnahmegewohnheiten sehr individuell. Bestimmte genetische Marker, darunter die in den Genen VKORC1 und CYP2C9, beeinflussen nachweislich die Wirksamkeit und das Blutungsrisiko von Warfarin. Durch die

Untersuchung dieser genetischen Variationen können Ärzte die Dosierung individuell an einzelne Patienten anpassen und so das Risiko von Komplikationen verringern.

Die Pharmakogenomik geht über den Arzneimittelstoffwechsel hinaus und umfasst auch genetische Faktoren, die die Wirkungsweise eines Arzneimittels auf bestimmte Krankheitswege beeinflussen. Beispielsweise können genetische Mutationen in Krebszellen diese gegenüber bestimmten Chemotherapie-Medikamenten empfindlich oder unempfindlicher machen. Gezielte Behandlungspläne, die auf diese Mutationen abzielen, waren besonders wirksam bei der Behandlung bestimmter Krebsarten, darunter Brustkrebs, Lungenkrebs und Melanom. Die Identifizierung spezifischer genetischer Veränderungen, die das Krebswachstum fördern, hat zur Entwicklung von Medikamenten wie Trastuzumab (Herceptin) geführt, das den HER2-Rezeptor bei Brustkrebs angreift, und Imatinib (Gleevec), das das BCR-ABL-Fusionsgen bei chronischer myeloischer Leukämie angreift. Durch die Erforschung der genetischen Grundlagen von Krankheiten ermöglicht die Pharmakogenomik wirksamere, individualisierte Therapien.

Die Pharmakogenomik spielt eine immer wichtigere Rolle im Arzneimittelentwicklungsprozess, von der Frühphaseforschung über klinische Studien bis hin zur Überwachung nach der Markteinführung. In der konventionellen Arzneimittelentwicklung werden neue

Medikamente häufig an großen, heterogenen Populationen getestet, wobei davon ausgegangen wird, dass eine einzige Behandlung bei allen wirkt. Dieser Einheitsansatz führt jedoch häufig zu suboptimalen Ergebnissen, da verschiedene Menschen unterschiedlich auf dasselbe Medikament reagieren können. Durch die Integration pharmakogenomischer Tests in den Arzneimittelentwicklungsprozess können Pharmaunternehmen genetische Marker identifizieren, die die Reaktion von Patienten auf ein Medikament vorhersagen. Dadurch verbessern sie die Erfolgschancen in klinischen Studien und den gesamten Entwicklungszeitplan.

In den frühen Phasen der Arzneimittelforschung kann die Pharmakogenomik genutzt werden, um genetische Ziele für die Arzneimittelentwicklung zu identifizieren. Durch die Analyse der genetischen Grundlagen von Krankheiten können Forscher Gene und Proteine identifizieren, die eine Schlüsselrolle im Krankheitsverlauf spielen, und diese Ziele nutzen, um Medikamente zu entwickeln, die diese Signalwege gezielt modulieren. Die Pharmakogenomik kann auch die Entwicklung von Partnerdiagnostik unterstützen – Tests, die Patienten identifizieren, die aufgrund ihres genetischen Profils am ehesten von einer bestimmten Behandlung profitieren. Beispielsweise ist der genetische Test auf den HER2-Rezeptor bei Brustkrebs eine Partnerdiagnostik für die Anwendung von Trastuzumab und stellt sicher, dass nur Patienten mit HER2-aktiven Tumoren das Medikament erhalten.

In klinischen Studien können pharmakogenomische Tests eingesetzt werden, um Patientengruppen zu identifizieren, die am wahrscheinlichsten auf ein Medikament ansprechen. Dies kann die Wirksamkeit und Erfolgsraten der Studien verbessern. Herkömmliche klinische Studien umfassen oft eine große Bandbreite an Patienten mit unterschiedlichem genetischen Hintergrund, was es schwierig machen kann, signifikante Unterschiede in den Behandlungsergebnissen zu ermitteln. Durch die Stratifizierung der Patienten anhand ihres genetischen Profils können Forscher die Wirksamkeit des Medikaments in bestimmten Untergruppen genauer untersuchen und so den Zeit- und Kostenaufwand des Studienverfahrens reduzieren. Diese Methode kann auch dazu beitragen, genetische Biomarker zu identifizieren, die negative Arzneimittelreaktionen erwarten lassen, sodass sicherere und wirksamere Kapseln entwickelt werden können.

Während Medikamente klinische Tests durchlaufen und in der Post-Marketing- und Marketingbranche eingesetzt werden, spielt die Pharmakogenomik weiterhin eine entscheidende Rolle bei der Überwachung der Arzneimittelsicherheit und -wirksamkeit. Genetische Tests können helfen, seltene Nebenwirkungen zu erkennen, die nur bei genetisch veranlagten Personen auftreten können, und so eine frühzeitige Erkennung und Intervention ermöglichen. Die Pharmakogenomik hilft auch, die langfristige Wirksamkeit von Medikamenten zu überwachen und sicherzustellen, dass

Patienten auch bei fortschreitender genetischer Veranlagung oder Erkrankung die optimale Behandlung erhalten.

Obwohl die Pharmakogenomik vielversprechend ist, stehen ihrer umfassenden Umsetzung in der Arzneimittelentwicklung und klinischen Praxis einige Herausforderungen im Weg. Eines der größten Hindernisse ist die Komplexität des menschlichen Genoms. Obwohl bei der Identifizierung genetischer Variationen, die mit der Reaktion auf Arzneimittel in Zusammenhang stehen, enorme Fortschritte erzielt wurden, ist unser Verständnis der genetischen Grundlagen der Arzneimittelreaktion noch immer unvollständig. Viele Medikamente werden durch mehrere genetische Faktoren stimuliert, und die Wechselwirkungen zwischen diesen Elementen können komplex und schwer vorherzusagen sein. Da sich unser Wissen über die Genomik ständig erweitert, wird es entscheidend sein, modernere Methoden zur Untersuchung und Interpretation genetischer Daten zu entwickeln, um die Arzneimittelentwicklung und wissenschaftliche Entscheidungsfindung zu unterstützen.

Ein weiteres Projekt ist die Integration pharmakogenomischer Tests in die klinische Routinepraxis. Obwohl Gentests in den letzten Jahren praktischer und kostengünstiger geworden sind, sind sie im Gesundheitswesen noch nicht überall verfügbar oder werden routinemäßig eingesetzt. Die Implementierung pharmakogenomischer Tests erfordert von Gesundheitsdienstleistern Zugang zu genetischen

Testplattformen und das Wissen, die Ergebnisse richtig zu interpretieren. Darüber hinaus können Gesundheitseinrichtungen bei der Integration pharmakogenomischer Daten in die Patientenversorgung mit logistischen Herausforderungen konfrontiert sein, insbesondere in Gebieten mit begrenzten Ressourcen für Gentests.

Ethische und regulatorische Probleme stellen den breiten Einsatz der Pharmakogenomik ebenfalls vor Herausforderungen. Da genetische Daten zunehmend in die Krankenhausbehandlung integriert werden, stellen sich Fragen zu Datenschutz, Datensicherheit und der Möglichkeit genetischer Diskriminierung. Bei genetischen Tests ist eine informierte Einwilligung unerlässlich, und Patienten müssen über die möglichen Risiken und Vorteile pharmakogenomischer Tests aufgeklärt werden. Darüber hinaus müssen Regulierungsbehörden klare Richtlinien für den Einsatz pharmakogenomischer Daten in der Arzneimittelentwicklung und der klinischen Praxis festlegen, um den Patientenschutz und die optimale Nutzung genetischer Daten zu gewährleisten.

Die Zukunft der Pharmakogenomik ist vielversprechend. Kontinuierliche Fortschritte in der Genomik, Bioinformatik und personalisierten Medizin werden die Branche weiter prägen. Mit zunehmendem Verständnis der Genetik und der Diagnose weiterer genetischer Marker, die mit der Arzneimittelreaktion in Zusammenhang stehen, wird die

Pharmakogenomik zu einem unverzichtbaren Bestandteil der Arzneimittelentwicklung und Patientenversorgung. Der Boom genomischer Datenbanken und Biobanken sowie Fortschritte in der Sequenzierungstechnologie der nächsten Generation werden die Entdeckung neuer genetischer Varianten und Biomarker ermöglichen, die die Arzneimittelentwicklung vorantreiben und die Patientenergebnisse verbessern können.

Ein spannender Bereich der Pharmakogenomik ist die Möglichkeit individualisierter Medikamentenschemata auf Basis des genetischen Profils eines Patienten. Ärzte könnten künftig jedem Patienten basierend auf seiner spezifischen genetischen Ausstattung das optimale Medikament und die optimale Dosierung verschreiben, um Nebenwirkungen zu minimieren und die Wirksamkeit der Behandlung zu maximieren. Darüber hinaus könnte die Pharmakogenomik die Entwicklung „intelligenter Medikamente" ermöglichen, die auf bestimmte genetische Mutationen oder Krankheitsverläufe zugeschnitten sind und so hochgradig maßgeschneiderte Behandlungen für ein breites Spektrum von Erkrankungen – von Krebs bis hin zu neurologischen Problemen – ermöglichen.

Die Integration der Pharmakogenomik mit anderen aufstrebenden Technologien, einschließlich künstlicher Intelligenz (KI) und maschinellem Lernen, wird die Arzneimittelforschung beschleunigen und die Genauigkeit von Vorhersagen über Arzneimittelreaktionen verbessern. KI-Algorithmen können große Mengen genomischer Daten analysieren, um Muster zu erkennen und die Reaktion von Patienten auf verschiedene Behandlungen vorherzusagen. Dies stellt ein wirksames Instrument für die Arzneimittelentwicklung und klinische Entscheidungsfindung dar. Durch die Nutzung der Möglichkeiten der KI wird die Pharmakogenomik noch spezifischer und ermöglicht eine schnellere Entwicklung personalisierter Behandlungspläne, die auf die spezifischen Bedürfnisse einzelner Patienten zugeschnitten sind.

Die Pharmakogenomik entwickelt sich stetig weiter und wird eine immer wichtigere Rolle dabei spielen, Medikamente individueller, effizienter und zugänglicher zu machen. Die Fähigkeit, Arzneimittelbehandlungen auf das genetische Profil eines Menschen zuzuschneiden, könnte unsere Herangehensweise an die Gesundheitsversorgung verändern und dafür sorgen, dass Behandlungen wirksamer, sicherer und für die individuelle genetische Ausstattung jedes Patienten optimal geeignet sind. Diese Hinwendung zur Präzisionsmedizin dürfte die Gesundheitslandschaft revolutionieren, Patienten neue Hoffnung geben und den Weg für eine Zukunft ebnen, in der Medizin individuell auf die Bedürfnisse jedes Einzelnen zugeschnitten ist.

3.3 Bionische Organe und medizinische Innovationen

Die Verschmelzung von Technologie und Medizin hat zu einer Fülle großartiger Fortschritte geführt. Bionische

Organe, einst Science-Fiction, sind Realität. Diese synthetischen, aufwendig konstruierten und in die menschliche Biologie integrierten Organe geben Menschen mit Organversagen neue Hoffnung. Von fortschrittlichen Prothesen bis hin zu biotechnologisch hergestellten Ersatzprodukten – medizinische Innovationen eröffnen neue Möglichkeiten für Menschen, die sie benötigen. Die Verbindung von Technologie und Medizin stellt nicht nur körperliche Merkmale wieder her, sondern definiert auch die Grenzen des medizinisch Machbaren neu und ebnet den Weg für eine Zukunft, in der die menschliche Leistungsfähigkeit keine Grenzen kennt.

3.3.1 Organtransplantationen und Entwicklungen bei künstlichen Organen

Die Biotechnologie hat bahnbrechende Trends sowohl bei Organtransplantationen als auch bei synthetischen Organen hervorgebracht und damit eine neue Generation medizinischer Möglichkeiten eröffnet. Diese Fortschritte haben das Potenzial, das Gesundheitswesen zu revolutionieren, indem sie wichtige Herausforderungen angehen und die Lebensqualität unzähliger Menschen verbessern.

Organtransplantationen, einst durch Spendermangel und Kompatibilitätsprobleme erschwert, wurden durch die Verbindung von Biotechnologie und klinischem Know-how wiederbelebt. Die Einführung der 3D-Drucktechnologie, gepaart mit den Prinzipien des Tissue Engineering, hat die Entwicklung biotechnologisch hergestellter Organe beschleunigt. Bei diesem Verfahren werden Zellen kultiviert und in kontrollierten Umgebungen zum Wachstum angeregt, wodurch sich schließlich funktionsfähiges Gewebe bildet. Diese revolutionäre Methode verspricht maßgeschneiderte Organe, die genau auf die biologischen Anforderungen des Empfängers abgestimmt sind. Dadurch wird das Risiko einer Abstoßung verringert und lange Wartelisten vermieden.

Gleichzeitig haben biotechnologische Fortschritte die Entwicklung synthetischer Organe vorangetrieben. Diese künstlichen Geräte sind heute so konzipiert, dass sie sich in den menschlichen Körper integrieren und so ihre Funktionalität und Nützlichkeit verbessern. Biokompatible Materialien und Sensoren verbinden sich nahtlos mit organischen Systemen, stellen verloren gegangene Sinnesfunktionen wieder her oder ahmen pflanzliche Techniken nach. Die Konvergenz von Biotechnologie und wissenschaftlicher Technik hat zur Entwicklung myoelektrischer Sensoren für die intuitive Steuerung synthetischer Gliedmaßen und implantierbarer Geräte wie Herzschrittmacher und Cochlea-Implantate geführt.

Wie bei jeder bahnbrechenden Innovation sind auch diese Fortschritte mit Herausforderungen verbunden. Die langfristige Überlebensfähigkeit und Wirksamkeit biotechnologisch hergestellter Organe bleibt ein zentrales Anliegen. Darüber hinaus erfordert die Integration dieser innovativen Lösungen in die klinische Praxis die sorgfältige Berücksichtigung ethischer und regulatorischer Aspekte.

Die Synergie zwischen Biotechnologie und Gesundheitswesen hat zu bahnbrechenden Entwicklungen in der Organtransplantation und bei synthetischen Organen geführt. Diese Durchbrüche können die Arzneimittellandschaft neu gestalten, denjenigen, die lebensrettende Eingriffe benötigen, neue Hoffnung geben und das Wohlbefinden der Menschen durch wiederhergestellte Funktionalität verbessern. Mit der fortschreitenden Entwicklung der Biotechnologie erweitern sich die Grenzen des Machbaren im Bereich klinischer Innovationen stetig und unterstreichen den enormen Einfluss menschlichen Einfallsreichtums auf die Zukunft des Gesundheitswesens.

3.3.2 Auswirkungen der Biotechnologie auf Behinderungen und die alternde Bevölkerung

Im Herzen der Biotechnologie liegt ein transformativer Druck, der sich auf das Leben von Menschen mit Behinderungen und der alternden Bevölkerung auswirkt. Dieser Druck, angetrieben durch Innovation und Mitgefühl, hat das Potenzial, die Gesundheitsversorgung grundlegend zu verändern und neue Wege der Hoffnung und Möglichkeiten zu eröffnen, die über Hindernisse hinausgehen.

An der Spitze dieses Paradigmenwechsels stehen neuronale Schnittstellen und Gehirn- Computer -Schnittstellen

– komplexe Entwicklungen, die die Konvergenz von Technologie und Menschlichkeit bezeugen. Für Menschen mit Behinderungen stellen diese Schnittstellen eine Lebensader in eine Welt dar, die zuvor durch physische Einschränkungen eingeschränkt war. Indem sie direkte Verbindungen zwischen den Feinheiten des menschlichen Geistes und den problematischen Schaltkreisen externer Geräte herstellen, ermöglichen neuronale Schnittstellen den Nutzern tiefgreifende Geschäftsmöglichkeiten. Kommunikation und Mobilität sind nicht länger an die Grenzen des Körpers gebunden; sie werden zu Erweiterungen des Denkens und ermöglichen es Menschen, sich in ihrer Umgebung zurechtzufinden und mit der Technologie auf eine Weise zu interagieren, die einst unmöglich schien. Die Harmonie zwischen menschlicher Zielsetzung und Systemausführung manifestiert sich als Symphonie der Ermächtigung und öffnet Türen, die einst fest verschlossen waren.

Parallel zu diesen Fortschritten befasst sich die Biotechnologie auch mit den vielfältigen Herausforderungen, die die alternde Bevölkerung mit sich bringt. Das Altern ist in vielen Facetten dargestellt, und die Biotechnologie bietet eine Palette von Interventionen, um das Leben älterer Menschen zu verschönern. Im Mittelpunkt stehen genetische und molekulare Untersuchungen, die sich mit altersbedingten Krankheiten befassen. Forscher, gewappnet mit den Erkenntnissen aus dem komplexen Zusammenspiel von Genen und Molekülen, versuchen, die Lebensspanne zu verlängern und gleichzeitig die kognitive Leistungsfähigkeit zu fördern. Die Erzählung wechselt von der Unvermeidlichkeit des Verfalls zum Versprechen der Verjüngung.

Dieser Wandel beschränkt sich jedoch nicht allein auf krankheitsorientierte Ansätze. Es entwickelt sich eine ganzheitliche Herangehensweise an das Altern, die das Engagement für die Förderung des allgemeinen Wohlbefindens verkörpert. Regenerative Medizin erweist sich als Hoffnungsträger und bietet die Möglichkeit zur Heilung und Verjüngung. Präzisionsernährung, eine Symphonie aus Technologie und Ernährung, nährt den Körper im Einklang mit seinen sich wandelnden Bedürfnissen. Kognitive Interventionen zielen darauf ab, die intellektuelle Schärfe zu erhalten und zu verfeinern und sicherzustellen, dass die späteren Lebensjahre nicht von nachlassenden Fähigkeiten, sondern von einem Crescendo an Erfahrung und Wachstum geprägt sind.

Die Auswirkungen dieser Revolution gehen über den Charakter hinaus. Sie hallen durch die Gänge des Gesundheitssystems, finden in den Herzen der Pflegekräfte Anklang und harmonieren mit dem gesellschaftlichen Streben nach Inklusivität und Würde. Die Symphonie der Auswirkungen der Biotechnologie auf Behinderungen und die alternde Bevölkerung unterstreicht das brillante Zusammenspiel von wissenschaftlichem Fortschritt und menschlicher Empathie. In dieser Symphonie treffen Innovation und Mitgefühl aufeinander und orchestrieren ein Schicksal, in dem die Leistungsfähigkeit keine Grenzen kennt und das Leben von Fäden der Ermächtigung, Widerstandsfähigkeit und dem unerschütterlichen Streben nach Wohlbefinden durchzogen ist.

3.3.3 Neurotechnologie und Gehirn-Maschine-Schnittstellen

Die Neurotechnologie, das Gebiet der Entwicklung von Geräten und Apparaten zur Schnittstelle mit dem Nervensystem, erlebt rasante Fortschritte, insbesondere im Bereich der Gehirn-Maschine-Schnittstellen (BMIs). Diese Schnittstellen stellen eine der spannendsten und bahnbrechendsten Technologien der modernen Technik dar und überbrücken die Distanz zwischen Gehirn und Maschine. Indem sie die direkte Kommunikation zwischen Gehirn und externen Geräten ermöglichen, eröffnen BMIs neue Möglichkeiten für die medizinische Behandlung, die menschliche Leistungsfähigkeit und unser Verständnis des Gehirns selbst.

Im Zentrum der Neurotechnologie steht das Konzept der Expertise und der Manipulation neuronaler Signale zur Steuerung von Geräten, um entweder bei medizinischen Beschwerden zu helfen oder menschliche Fähigkeiten zu verbessern. Gehirn-Gerät-Schnittstellen ermöglichen die

Kommunikation zwischen den neuronalen Netzwerken des Gehirns und externen Geräten wie Prothesen, Computern und Robotersystemen. Die potenziellen Anwendungen für BMIs sind vielfältig, und die Technologie wird bereits in zahlreichen Bereichen eingesetzt, von der Wiederherstellung verlorener sensorischer oder motorischer Funktionen bis hin zur Verbesserung kognitiver Fähigkeiten.

Das grundlegende Prinzip des BMI ist die Erkennung elektrischer Signale des Gehirns und deren Übersetzung in Befehle für externe Systeme. Das menschliche Gehirn kommuniziert über elektrische Signale, die von Neuronen erzeugt werden, die als Reaktion auf verschiedene Reize feuern. Gehirn-System-Schnittstellen analysieren diese elektrischen Signale – normalerweise über Elektroden auf der Kopfhaut (nicht-invasiv) oder direkt im Gehirngewebe (invasiv) – und interpretieren sie, um externe Systeme zu steuern.

Es gibt zwei Hauptarten von BMIs: nicht-invasive und invasive. Nicht-invasive Schnittstellen basieren in der Regel auf Techniken wie der Elektroenzephalographie (EEG), die die elektrische Aktivität des Gehirns über Elektroden an der Kopfhaut aufzeichnet. Nicht-invasive Techniken sind zwar sicherer und einfacher anzuwenden, unterliegen jedoch Einschränkungen hinsichtlich ihrer Präzision und der Anzahl der neuronalen Reize, die sie erreichen können. Bei invasiven BMIs hingegen werden Elektroden direkt in das Gehirn implantiert, wodurch deutlich genauere und spezifischere

Messwerte der neuronalen Aktivität erzielt werden. Diese Strukturen sind zwar riskanter, können aber eine höhere Auflösung und eine effektivere Kontrolle von Prothesen oder anderen Hilfsmitteln ermöglichen.

Sobald die neuronalen Signale erfasst sind, werden sie an einen Computer übertragen, der die Daten verarbeitet und in umsetzbare Anweisungen übersetzt. Denkt beispielsweise eine Person daran, ihren Arm zu bewegen, kann der BMI die motorischen Signale des Gehirns erkennen und in einen Befehl übersetzen, der eine Armprothese in die gleiche Richtung bewegt. Diese Echtzeit-Übersetzung zwischen Gehirn und externen Geräten ist eine der wichtigsten Herausforderungen bei der Entwicklung effektiver BMIs.

Eine der vielversprechendsten Anwendungen von Neurotechnologie und BMIs liegt in der Medizin, insbesondere für Patienten mit neurologischen Erkrankungen, die ihre Bewegung oder Kommunikation beeinträchtigen. Bei Lähmungen, Schlaganfallpatienten oder Menschen mit Rückenmarksverletzungen bieten BMIs die Möglichkeit, verlorene motorische Funktionen wiederherzustellen. Mithilfe von Nervenimplantaten und Prothesen können Patienten ihre Gliedmaßen wiederbewegen oder auf eine Weise mit ihrer Umwelt interagieren, die ihnen zuvor nicht möglich war.

So wurden beispielsweise BMI-gesteuerte Prothesen entwickelt, die es Menschen mit Amputationen ermöglichen, einen Roboterarm oder ein Roboterbein allein mit ihrer

Gedankenkraft zu steuern. Diese fortschrittlichen Prothesen ermöglichen ein Maß an Geschicklichkeit und Mobilität, das mit natürlichen Gliedmaßen mithalten oder diese sogar übertreffen kann. Dank der Präzision und Reaktionsfähigkeit der BMI-Generierung konnten Patienten in einigen Fällen Aufgaben wie das Greifen von Objekten, Spazierengehen oder sogar das Tippen auf einer Tastatur wiedererlangen.

Darüber hinaus haben sich BMIs bei der Behandlung neurologischer Erkrankungen, einschließlich der Parkinson-Krankheit, als vielversprechend erwiesen. Die Tiefe Hirnstimulation (DBS) ist ein Beispiel für eine BMI-basierte Methode zur Behandlung von Parkinson. Dabei werden elektrische Impulse an bestimmte Hirnareale gesendet, die die Bewegung regulieren. Durch die Stimulation dieser Bereiche hilft die DBS, Symptome wie Zittern und Stress zu kontrollieren. Während die DBS üblicherweise zur Linderung von Symptomen eingesetzt wird, erforschen laufende Studien, wie BMIs spezifischere und individuellere Behandlungen für Erkrankungen wie Parkinson, Epilepsie und Depression ermöglichen können.

BMIs haben zudem das Potenzial, die Kommunikation für Menschen mit schweren motorischen Einschränkungen zu revolutionieren. Menschen, die nicht sprechen oder sich bewegen können, darunter Menschen mit Locked-in-Syndrom oder schweren Formen der ALS (Amyotrophe Lateralsklerose), bieten Gehirn-Gerät-Schnittstellen eine Möglichkeit, selbstständig durch Gedanken zu kommunizieren. Mithilfe von EEG-basierten BMIs können Menschen Computercursor oder sprachgenerierende Geräte steuern und so Nachrichten buchstabieren oder mit anderen interagieren, ohne sich körperlich bewegen zu müssen.

Während ein Großteil der aktuellen Erkenntnisse zum BMI auf wissenschaftliche Anwendungen zurückzuführen ist, ist auch das Potenzial zur kognitiven Leistungssteigerung ein wachsendes Forschungsgebiet. Neurotechnologie bietet die Möglichkeit, die kognitiven Fähigkeiten des Menschen durch direkte Interaktion mit dem Gehirn zu verbessern und so Gedächtnis, Lernfähigkeit, Bewusstsein und sogar Kreativität zu stärken. Einige Forscher untersuchen die Möglichkeit, BMIs zur Verbesserung der Gehirnfunktionen durch Stimulation oder Modulation bestimmter Hirnareale einzusetzen, was zu einer Steigerung der intellektuellen Leistungsfähigkeit führt.

Eines der bekanntesten Beispiele für kognitive Leistungssteigerung durch Neurotechnologie ist die transkranielle direkte Stimulation (tDCS). TDCS ist eine nicht-invasive Methode, die schwache elektrische Ströme nutzt, um die Aufmerksamkeit des Gehirns zu modulieren und so kognitive Fähigkeiten wie Aufmerksamkeit, Gedächtnis und Problemlösungsfähigkeiten zu verbessern. Obwohl tDCS im Labor vielversprechend war, bedarf es weiterer Forschung, um die langfristigen Auswirkungen und die Eignung für den Masseneinsatz zu bestimmen.

Künftig könnten BMIs auch für eine direkte Gehirn-Geist-Kommunikation genutzt werden, was völlig neue Formen der sozialen Interaktion und des Informationsaustauschs ermöglicht. Gehirn-Geist-Schnittstellen könnten es Menschen ermöglichen, Gedanken, Informationen oder sogar Erinnerungen direkt auszutauschen und dabei traditionelle Kommunikationsformen wie Sprache zu umgehen. Obwohl dieses Konzept noch Science-Fiction ist, haben erste Experimente in diesem Bereich die Machbarkeit der Übertragung einfacher Gehirne zwischen Tiergehirnen gezeigt. Mit dem Fortschritt der Neurotechnologie dürfte die Gehirn-Geist-Kommunikation Realität werden und nicht nur die menschliche Interaktion, sondern auch unsere Denkweise über Lernen, Gedächtnis und soziale Kontakte revolutionieren.

Trotz der Verheißung von Gehirn-Gerät-Schnittstellen gibt es weit verbreitete ethische und gesellschaftliche Bedenken, die angegangen werden müssen. Eines der dringendsten Probleme ist das Missbrauchspotenzial der Neurotechnologie, insbesondere im Zusammenhang mit der Verbesserung menschlicher Fähigkeiten. Kognitive Verbesserung mag zwar attraktiv klingen, wirft aber auch wichtige Fragen zu Gerechtigkeit, Ungleichheit und Zugang auf. Wenn kognitive Verbesserungen nur bestimmten Personen oder Unternehmen zur Verfügung stehen, kann dies zu einer Kluft zwischen wünschenswerteren und weniger geeigneten

Personen führen und bestehende soziale und wirtschaftliche Ungleichheiten verschärfen.

Eine weitere Herausforderung ist der Datenschutz und die Sicherheit neuronaler Daten. BMIs erfassen sehr persönliche und sensible Daten über die Gehirnaktivität einer Person, die möglicherweise für böswillige Zwecke missbraucht werden können. Zudem besteht die Gefahr, dass Hacker Zugriff auf neuronale Implantate erhalten, die Geräte möglicherweise kontrollieren oder ihre Funktion beeinträchtigen. Da BMIs immer mehr in den Alltag integriert werden, wird es entscheidend sein, robuste Sicherheitsfunktionen zu entwickeln, um die neuronalen Daten der Menschen zu schützen und ihre Sicherheit zu gewährleisten.

Es gibt auch Fragen zu den langfristigen Auswirkungen der Neurotechnologie auf die Gehirnfunktion. Während BMIs die Lebensqualität bestimmter Patienten verbessern können, ist das Verständnis der Risiken der langfristigen Implantation neuronaler Geräte noch begrenzt. Es können unerwartete Auswirkungen auftreten, darunter Veränderungen der kognitiven Funktion, der intellektuellen Fitness oder der neuronalen Plastizität, die sorgfältig untersucht werden müssen, bevor BMIs flächendeckend eingesetzt werden können.

Schließlich wirft die bloße Vorstellung, das Gehirn zu bearbeiten und zu verbessern, tiefgreifende philosophische und ethische Fragen zur Natur des Menschseins und der persönlichen Identität auf. Wenn die Technologie es uns ermöglicht, kognitive Funktionen zu verbessern oder verlorene Fähigkeiten wiederherzustellen, verändert das dann unser Menschsein? Im Zuge der Weiterentwicklung des BMIs wird es wichtig sein, offene Diskussionen über die ethischen Auswirkungen dieser Technologien zu führen und Empfehlungen zu entwickeln, die einen verantwortungsvollen und ethischen Einsatz gewährleisten.

Die Zukunft der Neurotechnologie und des BMI birgt enormes Potenzial. Im Zuge fortschreitender Forschung ist es wahrscheinlich, dass wir noch fortschrittlichere BMIs entwickeln werden, die mehr Präzision, Funktionalität und Benutzerfreundlichkeit bieten. Die Möglichkeiten, das Leben von Menschen mit Behinderungen zu verbessern, die kognitive Leistungsfähigkeit zu steigern und die menschlichen Fähigkeiten zu erweitern, sind grenzenlos. Gleichzeitig müssen in technologischer, ethischer und rechtlicher Hinsicht große Herausforderungen bewältigt werden.

Die nächste Herausforderung bei Gehirn-Gerät-Schnittstellen wird wahrscheinlich die Entwicklung nahtloserer, nicht-invasiver Strukturen sein, die sich problemlos in den Alltag integrieren lassen. Tragbare Geräte, die neuronale Signale ohne Implantate oder sperrige Geräte analysieren können, dürften sich durchsetzen und es Menschen ermöglichen, verschiedene Geräte über ihr Gehirn zu steuern. Fortschritte in der Neuroplastizität und Gehirnregeneration könnten zudem zu Behandlungsmöglichkeiten führen, die nicht nur Funktionen wiederherstellen, sondern auch beschädigte neuronale Schaltkreise reparieren und so Menschen mit degenerativen Erkrankungen wie Alzheimer oder Rückenmarksverletzungen Hoffnung geben.

Wie bei allen transformativen Technologien liegt der Schlüssel zur erfolgreichen Integration der Neurotechnologie in die Gesellschaft darin, Innovation und ethische Verantwortung in Einklang zu bringen. Indem wir die technologischen Risiken und Herausforderungen sorgfältig meistern, können wir das Potenzial von Gehirn-Gerät-Schnittstellen nutzen, um die menschliche Gesundheit zu verbessern, kognitive Fähigkeiten zu erweitern und neue Grenzen menschlicher Fähigkeiten zu erforschen. Auf diese Weise könnte uns die Neurotechnologie eines Tages auch ermöglichen, die ursprünglichen Fähigkeiten des menschlichen Gehirns freizusetzen und nicht nur die Medizin, sondern auch unsere Lebens-, Lern- und Kommunikationsgewohnheiten grundlegend zu verändern.

KAPITEL 4

Die Zukunft der Technologie: Chancen und Herausforderungen

4.1 Zusammenarbeit zwischen Mensch und Technik

Die Partnerschaft zwischen Mensch und Technologie markiert eine neue Ära der Entwicklung. Künstliche Intelligenz und Automatisierung erweitern die menschlichen Fähigkeiten in verschiedenen Bereichen. Von der Leistungssteigerung in der Industrie bis hin zur Verbesserung wissenschaftlicher Diagnosen: Technologie erweitert unser Potenzial. Diese Zusammenarbeit erfordert verantwortungsvolle Weiterentwicklung, um sicherzustellen, dass die Synergie aus menschlichem Einfallsreichtum und technologischem Können der Gesellschaft als Ganzes zugutekommt.

4.1.1 Geschäftsmodelle mit KI-Integration

Die technologische Entwicklung wird durch ein komplexes Zusammenspiel zwischen menschlichem Einfallsreichtum und den transformativen Fähigkeiten künstlicher Intelligenz (KI) vorangetrieben. In dieser symbiotischen Beziehung entstehen Geschäftsmodelle als Leinwand, auf der diese Interaktion Gestalt annimmt und eine Ära beispielloser Innovation und Evolution einläutet.

Angesichts der Zukunft ist es offensichtlich, dass die Integration von KI in Geschäftsmodelle einen tiefgreifenden Wandel in der Arbeitsweise und dem Erfolg von Unternehmen auslöst. KI ist nicht länger auf die Welt der technologischen

Fiktion beschränkt, sondern zu einer tragenden Säule der Geschäftsstrategie geworden. Sie beeinflusst zahlreiche Aspekte des Betriebs und verändert die Landschaft der Kundeninteraktion.

Die Integration von KI in Geschäftsmodelle hat eine neue Ära der Leistung und Optimierung eingeläutet. Repetitive und zeitintensive Aufgaben werden KI-gestützten Systemen anvertraut, wodurch menschliche Ressourcen für anspruchsvollere Aufgaben frei werden, die Kreativität, kritisches Denken und strategische Entscheidungsfindung erfordern. Diese Konvergenz von menschlichem und maschinellem Know-how fördert ein dynamisches Gleichgewicht, in dem die Stärken jedes Einzelnen optimal genutzt werden.

KI-gestützte Lösungen haben die Interaktion von Unternehmen mit ihren Kunden revolutioniert. Chatbots und virtuelle Assistenten mit KI-Technologie bieten Echtzeit-Hilfe, beantworten Fragen und bearbeiten Anliegen mit bemerkenswerter Effizienz. Die nahtlose Verschmelzung von KI und menschlichem Kontakt ergänzt Kundenstudien und fördert Loyalität und Zufriedenheit durch personalisierte und zielgerichtete Antworten.

Die datenreiche Landschaft des modernen Geschäftsumfelds erfordert schnelle und fundierte Entscheidungen. Hier kommt Predictive Analytics ins Spiel, ein KI-gestütztes Tool, das umfangreiche Datenmengen nutzt, um

Trends, Muster und Erkenntnisse aufzudecken. Strategische Entscheidungen basieren nicht mehr allein auf Intuition, sondern auf informationsbasierter Vorausschau. So können Unternehmen proaktiv auf sich verändernde Marktdynamiken reagieren.

Die Weiterentwicklung kommerzieller Geschäftsmodelle durch KI-Integration läutet ein neues Paradigma ein – geprägt von informationsgetriebener Innovation. Die Erkenntnisse aus KI-gestützter Analytik fördern die Entwicklung innovativer Produkte, Dienstleistungen und Berichte, die den dynamischen Bedürfnissen der Kunden entsprechen. Die traditionelle Abgrenzung zwischen Produkt und Anbieter verschwimmt, da KI Türen zu unbekannten geografischen Möglichkeiten öffnet.

In diesem dynamischen Umfeld ist die Integration von KI in Geschäftsmodelle mehr als nur eine Neuheit; sie ist eine Notwendigkeit. Da die Symbiose zwischen menschlicher Kreativität und der Rechenleistung von KI an Dynamik gewinnt, sind Geschäftsmodelle keine statischen Strukturen, sondern lebendige Einheiten, die sich an den Wandel anpassen, weiterentwickeln und florieren. Die Konvergenz von Technologie und menschlicher Vision definiert die Konturen des Erfolgs neu und zeichnet eine Zukunft, in der Innovation floriert, Kundenbeziehungen gestärkt werden und Unternehmen die Komplexität einer sich rasant entwickelnden Welt mit Resilienz und Scharfsinn meistern.

4.1.2 Industrielle Transformation und Veränderungen der Belegschaft

In den Industrien hallen die Echos des Wandels wider, orchestriert durch die Symphonie der Ära. Während traditionelle Praktiken dem Rhythmus der Innovation weichen, vollzieht sich eine tiefgreifende Metamorphose, die sich auf alle Aspekte des Betriebs auswirkt und die Konturen von Produktivität und menschlicher Leistungsfähigkeit neu definiert.

Im Mittelpunkt dieser Entwicklung steht die Kombination aus Automatisierung und KI-gestützten Strategien. Die Industrie erlebt den Beginn eines neuen Paradigmas, in dem wiederkehrende Aufgaben an Maschinen abgegeben werden und menschlicher Kreativität freien Lauf gelassen wird. Fertigungsprozesse, die einst auf manuelle Arbeit angewiesen waren, werden heute durch die Präzision und Effizienz von KI choreografiert. Die Symphonie der Automatisierung orchestriert die Produktionslinie und sorgt für ein reibungsloses Zusammenspiel von Aufgaben, das zu höherer Produktivität und weniger Fehlern führt.

Während sich die Räder der Industrie drehen, um diese Veränderungen zu verkörpern, zeichnet sich ein dualer Wandel ab. Die gepriesene Effizienz und Genauigkeit der KI-gestützten Automatisierung steht einem Panorama von Fragen gegenüber, die den Status Quo in Frage stellen und zum Nachdenken über die Zukunft der Arbeit anregen. Neben dem

Versprechen optimierter Abläufe lauert auch die Gefahr der Verdrängung von Arbeitskräften, was zu einer Selbstreflexion über die sich entwickelnde Rolle des Menschen im großen Geflecht der Industrie 4.0 führt.

Der Wandel der Industrie ist untrennbar mit der Metamorphose der Arbeitnehmergruppe verbunden. Die herkömmlichen Rollen- und Verantwortungskonturen werden neu definiert, was eine Neuausrichtung von Fähigkeiten und Perspektiven erfordert. Der Bedarf an Weiterbildung und Umschulung ist spürbar, während Menschen den Wandel vom Projektleiter zum Dirigenten der Ära meistern. Ein proaktiver Lernansatz wird zum Leitstern, der Menschen durch das Neuland der virtuellen Kompetenz, der Datenanalyse und der Zusammenarbeit mit KI-Systemen führt.

Im Zusammenspiel von wirtschaftlicher Transformation und Mitarbeitermodell eröffnen sich neue Horizonte. Die Verbindung von menschlicher Kreativität und technologischem Können ebnet den Weg zu gesteigerter Produktivität, innovativer Ideenfindung und symbiotischer Zusammenarbeit. Während die Symphonie der Automatisierung erklingt, bleibt die Melodie der menschlichen Fähigkeiten die treibende Kraft.

In dieser Epoche des Wandels besteht die Symphonie der Industrien nicht mehr nur aus der Präzision der Automatisierung, sondern auch aus der harmonischen Integration menschlicher Anpassungsfähigkeit. Während sich der digitale Faden durch die Unternehmenswelt zieht, verschiebt sich die Erzählung von der Angst vor Verdrängung hin zum Ausdruck der Evolution. Der Wandel betrifft nicht nur die eingesetzten Werkzeuge; er ist ein Wandel der Einstellung, der Nutzung von Technologie zur Erweiterung menschlicher Fähigkeiten und ein Beweis für die anhaltende Fähigkeit des Menschen, Fortschritt zu orchestrieren, Veränderungen zu steuern und in einer durch Innovation neu gestalteten Welt zu gedeihen.

4.1.3 Mensch-KI-Symbiose und Entscheidungsunterstützungssysteme

Die zunehmende Zusammenarbeit zwischen Mensch und künstlicher Intelligenz (KI) hat sich von einer reinen Automatisierung hin zu einem stärker integrierten und kollaborativen Modell entwickelt, das häufig als Mensch-KI-Symbiose bezeichnet wird. Diese Zusammenarbeit zeigt sich deutlich in Entscheidungshilfesystemen (DSS), die die Stärken menschlichen Wissens und Urteilsvermögens mit der analytischen Kraft der KI verbinden, um Entscheidungsprozesse zu verbessern. In solchen Systemen ersetzt KI den Menschen nicht, sondern arbeitet mit ihm zusammen, verbessert menschliche Fähigkeiten und macht den Entscheidungsprozess effizienter, fundierter und präziser.

Die Mensch-KI-Symbiose basiert auf der Idee, dass KI-Systeme nicht isoliert oder eigenständig agieren, sondern menschliche Fähigkeiten ergänzen. Diese Zusammenarbeit nutzt die komplementären Stärken beider Systeme: Menschen verfügen über Kreativität, Intuition, emotionale Intelligenz und Kontextverständnis, während KI sich durch Datenverarbeitung, Mustererkennung und die präzise Ausführung repetitiver Aufgaben auszeichnet. In einem System zur Entscheidungsunterstützung ermöglicht diese Interaktion komplexere und zeitnahe Entscheidungen in verschiedenen Bereichen – vom Gesundheitswesen über die Finanzwelt bis hin zur Logistik und zur nationalen Sicherheit.

Entscheidungshilfesysteme sollen Menschen dabei unterstützen, fundierte Entscheidungen zu treffen, indem sie relevante Fakten, Prognosen und Empfehlungen auf Grundlage von Datenauswertungen bereitstellen. Traditionell wurden DSS in Umgebungen eingesetzt, in denen die Entscheidungsfindung komplex ist und die Synthese großer Datenmengen erfordert – Bedingungen, unter denen menschliche Entscheidungsträger mit der Menge und Komplexität der vorliegenden Fakten kaum Schritt halten konnten.

Mit dem Aufkommen von KI sind diese Systeme deutlich leistungsfähiger geworden. Algorithmen zur maschinellen Lernsteuerung und andere KI-Techniken können große Datensätze analysieren, um Trends zu erkennen, zukünftige Ergebnisse vorherzusagen und Erkenntnisse zu gewinnen, die ein Mensch in angemessener Zeit nicht gewinnen könnte. Anstatt menschliches Urteilsvermögen zu ersetzen, unterstützt KI Entscheidungsträger durch die Bereitstellung von Erkenntnissen und Empfehlungen, die ihnen ermöglichen, bessere, statistisch fundierte Entscheidungen zu treffen.

Eine der entscheidenden Funktionen moderner Entscheidungsunterstützungssysteme besteht darin, dass sie menschliche Entscheidungen unterstützen, anstatt sie direkt vorzuschreiben. Im Gesundheitswesen beispielsweise kann ein Entscheidungsunterstützungssystem Ärzte durch die Analyse klinischer Bilder, genetischer Daten und Patientengeschichten unterstützen, um mögliche Diagnosen zu stellen oder Behandlungsoptionen zu empfehlen. Die endgültige Entscheidung liegt jedoch beim Arzt, der viel Erfahrung, Intuition und emotionales Wissen in den Prozess einbringt. Ähnlich verhält es sich im Finanzwesen: KI-gesteuerte Systeme können Marktentwicklungen analysieren und Aktienkurse prognostizieren, doch menschliche Analysten sind weiterhin erforderlich, um diese Vorhersagen im breiteren Kontext der wirtschaftlichen Lage und geopolitischer Faktoren zu interpretieren.

Diese kollaborative Art der Entscheidungsfindung ist das Herzstück der Mensch-KI-Symbiose. Anstatt KI als Werkzeug zur Automatisierung oder Alternative zu positionieren, geht es darum, eine harmonische Partnerschaft zu schaffen, in der jeder Mensch und jedes Gerät auf eine Weise zum Entscheidungsprozess beitragen kann, die die Stärken des jeweils anderen ergänzt.

Die Integration von KI in Entscheidungsunterstützungssysteme bietet eine Reihe von Vorteilen, die die allgemeine Effektivität der Entscheidungsfindungsmethode verbessern. Zu den wichtigsten Vorteilen der Mensch-KI-Symbiose in DSS gehören:

1. Höhere Genauigkeit und Geschwindigkeit: KI-Systeme können große Datenmengen deutlich schneller und präziser verarbeiten und analysieren als Menschen. Durch die Automatisierung der statistischen Analyse eliminiert KI das Risiko menschlicher Fehler bei komplexen Berechnungen oder Mustererkennungsaufgaben. Dadurch erhalten Entscheidungsträger in Echtzeit Zugriff auf Erkenntnisse und können schneller fundierte Entscheidungen treffen, als dies allein durch manuelle Analysen möglich wäre.

2. Verbesserte Entscheidungsqualität: Indem KI Entscheidungsträgern statistisch fundierte Erkenntnisse liefert, verbessert sie die Qualität von Entscheidungen. In Bereichen wie dem Gesundheitswesen, wo Entscheidungen über Leben und Tod entscheiden können, kann KI helfen, diffuse Muster und Zusammenhänge zu erkennen, die menschliche Ärzte möglicherweise übersehen. Durch die Ergänzung des menschlichen Wissens mit der Fähigkeit der KI, große Datensätze zu analysieren, ist die endgültige Entscheidung mit größerer Wahrscheinlichkeit fundiert, was das Fehlerrisiko verringert und die Ergebnisse verbessert.

3. Unterstützung komplexer Entscheidungsfindung: In komplexen Szenarien mit mehreren Variablen kann KI den Menschen durch Simulationen und Vorhersagen unterstützen, die die Entscheidungsfindung unterstützen. In der Unternehmensstrategie kann KI beispielsweise die potenziellen Auswirkungen verschiedener Entscheidungen auf unterschiedliche Abteilungen, Märkte oder Stakeholder modellieren. Durch den Einsatz von KI zur Analyse potenzieller Auswirkungen können menschliche Entscheidungsträger die Auswirkungen ihrer Entscheidungen besser verstehen und fundiertere, strategische Entscheidungen treffen.

4. Personalisierung: KI kann Richtlinien und Anleitungen basierend auf individuellen Präferenzen und früheren Entscheidungen anpassen und so ein individuelleres Entscheidungserlebnis schaffen. Beispielsweise schlagen KI-gestützte Beratungssysteme im E-Commerce und in der Unterhaltung Produkte oder Medieninhalte basierend auf der Historie und den Präferenzen eines Nutzers vor. In professionellen Umgebungen kann KI über die Auswahl hinausgehen und maßgeschneiderte Empfehlungen geben, die zum Entscheidungsstil und den Zielen eines Einzelnen passen.

5. Verbesserte Problemlösung: Die Fähigkeit der KI, zahlreiche Variablen zu berücksichtigen und verborgene Zusammenhänge zu erkennen, ermöglicht Entscheidungsträgern, Probleme kreativer zu lösen. Durch eine

umfassendere Perspektive kann KI neuartige Lösungen vorschlagen, die auf den ersten Blick nicht offensichtlich sind. Beispielsweise kann KI in der Stadtplanung innovative Lösungen für die Verkehrssteuerung oder Energieeffizienz vorschlagen, an die die Menschen möglicherweise nicht gedacht hätten – basierend auf Datenanalysen der städtischen Infrastruktur, der Wettermuster und der Bevölkerungsdichte.

Die Fähigkeitsprogramme der Mensch-KI-Symbiose in Entscheidungshilfestrukturen erstrecken sich über ein breites Spektrum an Branchen und Sektoren. Zu den herausragendsten Anwendungen zählen:

1. Gesundheitswesen: KI-gestützte Entscheidungsunterstützungssysteme im Gesundheitswesen unterstützen Ärzte und medizinisches Fachpersonal bei der Diagnose von Krankheiten, der Entwicklung von Behandlungsplänen und der Verfolgung des Patientenfortschritts. Diese Systeme können klinische Bilddaten, genetische Aufzeichnungen und medizinische Statistiken analysieren, um Ärzten diagnostische Hinweise und Behandlungsalternativen zu liefern. Darüber hinaus werden KI-Systeme zunehmend in der Arzneimittelforschung eingesetzt. Sie helfen Forschern, große Mengen biologischer und chemischer Daten zu analysieren, um potenzielle Kandidaten für neue Medikamente zu identifizieren.

2. Finanzen: Im Finanzbereich werden KI-gestützte Entscheidungshilfesysteme zur Risikobewertung,

Betrugserkennung und Investitionsanalyse eingesetzt. KI kann Markttrends, Kundenverhalten und Finanzsignale analysieren, um Lagerkosten vorherzusagen, das Kreditrisiko zu bewerten und Anlageportfolios zu optimieren. Finanzberater nutzen diese Systeme, um fundiertere Entscheidungen zu treffen, die endgültige Entscheidung über Investitionen, Kredite oder Transaktionen liegt jedoch weiterhin bei den menschlichen Entscheidungsträgern.

3. Wirtschaft und Marketing: In Unternehmen werden KI-gesteuerte DSS eingesetzt, um das Supply Chain Management zu optimieren, den Kundenservice zu verbessern und die Nachfrage zu prognostizieren. KI-Systeme analysieren Verkaufsdaten, Kundenfeedback und Markttrends, um Strategien für Produktverbesserungen, Marketing und Bestandsmanagement zu entwickeln. Beispielsweise nutzen Einzelhändler KI, um anhand von Faktoren wie saisonalen Trends, lokalen Möglichkeiten und historischen Umsatzzahlen vorherzusagen, welche Produkte gefragt sein werden.

4. Regierung und öffentliche Ordnung: Regierungen und politische Entscheidungsträger nutzen KI-basierte Entscheidungshilfesysteme, um demografische Daten, wirtschaftliche Trends und soziale Faktoren zu analysieren und so die öffentliche Ordnung zu gestalten. KI kann die Auswirkungen verschiedener Richtlinien auf verschiedene Sektoren simulieren und so politische Entscheidungsträgern fundiertere Entscheidungen zu Themen wie

Gesundheitswesen, Bildung und ökologischer Nachhaltigkeit ermöglichen. KI wird auch in Bereichen wie der Katastrophenhilfe eingesetzt, wo die Echtzeit-Datenanalyse bei der Koordinierung von Hilfsmaßnahmen und der Ressourcenzuweisung helfen kann.

5. Energie und Nachhaltigkeit: Im Energiesektor helfen KI-gesteuerte DSS dabei, Stromnetze zu steuern, die Stromproduktion zu optimieren und Abfall zu reduzieren. KI analysiert Daten aus verschiedenen Quellen, darunter Wettervorhersagen und Stromverbrauchsmuster, um die Leistung zu verbessern und die Kosten zu senken. Diese Systeme sind auch für die Förderung erneuerbarer Energien von entscheidender Bedeutung, da KI die Stromproduktion von Solar- und Windparks vorhersagen, die Energiespeicherung optimieren und ein Gleichgewicht zwischen Angebot und Nachfrage sicherstellen kann.

Obwohl die Mensch-KI-Symbiose vielversprechend ist, müssen zahlreiche Herausforderungen bewältigt werden. Eine der wichtigsten ist die Gewährleistung der Transparenz und Interpretierbarkeit von KI-Strukturen. Damit Entscheidungsunterstützungssysteme effektiv sind, müssen Entscheidungsträger verstehen, wie KI ihre Regeln generiert. Sind KI-Strukturen undurchsichtig oder schwer zu interpretieren, fällt es schwer, ihre Vorgaben zu akzeptieren und fundierte Entscheidungen zu treffen.

Darüber hinaus müssen ethische Bedenken im Zusammenhang mit dem Einsatz von KI bei der Entscheidungsfindung berücksichtigt werden. Beispielsweise können Verzerrungen in KI-Algorithmen zu unfairen oder diskriminierenden Ergebnissen führen. Um dieses Risiko zu mindern, ist es wichtig sicherzustellen, dass KI-Strukturen unter Berücksichtigung von Gerechtigkeit, Verantwortung und Inklusivität gestaltet werden. Da die Entscheidungsfindung zunehmend auf KI basiert, bestehen zudem Bedenken hinsichtlich des möglichen Mangels an menschlicher Autonomie und der Rolle des menschlichen Urteilsvermögens bei kritischen Entscheidungen.

Die Zukunft der Mensch-KI-Symbiose in Entscheidungsfindungssystemen birgt enormes Potenzial. Fortschritte im System-Lernen, der natürlichen Sprachverarbeitung und der Mensch- Computer -Interaktion dürften KI-Systeme intuitiver, zugänglicher und effektiver machen. Mit kontinuierlicher Forschung und Entwicklung wird die Mensch-KI-Zusammenarbeit zu einem noch wichtigeren Bestandteil von Entscheidungsprozessen und ermöglicht effizientere, personalisierte und wirkungsvollere Entscheidungen in allen Bereichen der Gesellschaft.

4.2 Gesellschaftliche und ethische Fragen

Die Technologie treibt die Gesellschaft voran und bringt zugleich moralische Dilemmata mit sich. Künstliche Intelligenz wirft Fragen zu Transparenz und Fairness auf, während die Biotechnologie unser Verständnis von Identität in Frage stellt. Unsere Interaktionen, unsere Arbeit und unsere Beziehungen entwickeln sich im digitalen Zeitalter weiter und lösen Diskussionen über Privatsphäre und Einwilligung aus. Die Bewältigung dieser Herausforderungen erfordert einen offenen Dialog und proaktive Lösungen, um sicherzustellen, dass die Technologie mit unseren Werten und Interessen im Einklang steht.

4.2.1 KI und Datenschutz

Im Zeitalter von KI und datengetriebener Technologie entsteht ein neues Problem: die sensible Balance zwischen technologischem Fortschritt und dem Grundrecht auf Privatsphäre. Der unaufhaltsame Vormarsch der KI, ausgestattet mit der Fähigkeit, große Mengen persönlicher Daten zu sammeln und zu analysieren, eröffnet ein Szenario, in dem der Schutz dieser Daten nicht nur eine Überlegung, sondern eine vorrangige Verpflichtung darstellt.

Mit der Weiterentwicklung von KI-Strukturen werden diese immer geschickter darin, Erkenntnisse aus – oft privaten

– Fakten zu gewinnen. Von Browserdaten und Social-Media-Interaktionen bis hin zu wissenschaftlichen Daten und Finanztransaktionen – die Bandbreite der durch KI nutzbaren Statistiken ist erstaunlich. Doch dieser Umgang mit Informationen wirft eine wichtige Frage auf: Wie lassen sich die wachsenden Möglichkeiten der KI mit dem Gebot des Schutzes der Privatsphäre des Einzelnen vereinbaren?

Als Reaktion darauf entsteht ein vielschichtiges Geflecht aus Ethik und Regeln – ein Geflecht aus Transparenz, Zustimmung und Verantwortlichkeit. Ethische Fragen dienen als Leitstern für die Entwicklung und den Einsatz von KI-Systemen, die das Wohlergehen und die Autonomie des Einzelnen in den Vordergrund stellen. Zustimmung, oft im Labyrinth langer Bedingungen und Konditionen verborgen, erweist sich als Eckpfeiler des Datenschutzes. Einzelpersonen müssen in die Lage versetzt werden, fundierte Entscheidungen über die Verwendung ihrer Daten zu treffen und sicherzustellen, dass ihr virtueller Fußabdruck unter ihrer Kontrolle bleibt.

Ethik allein reicht jedoch nicht aus. Strenge Regeln schützen den Datenschutz. Diese Richtlinien schaffen ein sensibles Gleichgewicht zwischen technologischem Fortschritt und Datenschutzrechten und legen den Rahmen fest, der vorgibt, wie Informationen erhoben, gespeichert, verarbeitet und weitergegeben werden. Der Weg von Rohdaten zu wertvollen Erkenntnissen ist gepflastert mit Prüfungen und

Abwägungen, die sicherstellen, dass Datenschutzverletzungen und Datenmissbrauch verhindert werden.

Der Weg in die Zukunft liegt in der bewussten Verschmelzung von Technologie und Menschlichkeit. KI mit ihren Fähigkeiten in der Mustererkennung und -analyse wird genutzt, um nicht nur Licht in die dunklen Ecken des Datenschutzes zu bringen, sondern auch dessen Grundlagen zu stärken. Datenschutztechniken, Anonymisierungsprotokolle und verschlüsselte Verarbeitung schaffen eine Art Schutzburg, die die Unantastbarkeit persönlicher Daten auch im Bereich fortschrittlicher KI schützt.

In diesem heiklen Spannungsfeld zwischen KI und Datenschutz muss die Technologie nicht als Feind, sondern als Partner auftreten. In der sich ständig weiterentwickelnden Landschaft datengetriebener Innovation ist die Geschichte nicht von Dichotomien, sondern von Synergien geprägt. Das Potenzial der KI, das mit ethischen Bedenken verbunden und durch strenge Regeln gestärkt wird, kann eine Technologie einläuten, in der technologischer Fortschritt und die Unantastbarkeit der Privatsphäre nicht im Widerspruch zueinander stehen, sondern harmonisch koexistieren – eine Welt, in der Daten eine Quelle der Ermächtigung und nicht der Verwundbarkeit sind.

4.2.2 Ethische und soziale Aspekte der Biotechnologie

Im komplexen Geflecht des technologischen Fortschritts erweist sich die Biotechnologie als Schmelztiegel moralischer Reflexion. Während Genmanipulation, personalisierte Medizin und biotechnologische Eingriffe die Konturen unseres Schicksals prägen, werfen sie zugleich tiefgreifende ethische Schatten und veranlassen die Gesellschaft, sich mit komplexen ethischen Dilemmata und tiefgreifenden Fragen über die Grenzen wissenschaftlicher Forschung auseinanderzusetzen.

Im Zentrum des moralischen Labyrinths der Biotechnologie steht die Frage der Einwilligung – ein Eckpfeiler der Autonomie und des menschlichen Handelns. Da die Genomeditierung das verlockende Potenzial bietet, genetische Krankheiten auszurotten, stellt sich die Frage nach der Einwilligung derjenigen, deren Gene verändert werden. Die Frage drängt sich auf: Inwieweit sollten Menschen das Recht haben, über ihre genetische Zukunft zu bestimmen? Während Wissenschaftler die Instrumente der Biotechnologie präzise einsetzen, denkt die Gesellschaft über die Nuancen einer informierten Einwilligung nach und stellt sicher, dass Menschen aktiv an Entscheidungen mitwirken, die die Struktur ihres Lebens verändern.

Ein weiterer moralischer Drahtseilakt entsteht durch die Entwicklung personalisierter Interventionen, die auf die individuelle genetische Ausstattung eines Menschen zugeschnitten sind. Dies verspricht eine Zukunft, in der wissenschaftliche Behandlungen mit bemerkenswerter Präzision maßgeschneidert werden. Doch auf diesem Weg hin zu maßgeschneiderten Behandlungen stellen sich Fragen nach einem gerechten Zugang. Wie können die Vorteile der Biotechnologie gerecht verteilt werden, ohne dass Verbesserungen die bestehenden Ungleichheiten beim Zugang zur Gesundheitsversorgung vertiefen?

Der Horizont der Biotechnologie ist sowohl von Potenzialen erhellt als auch von Unsicherheit umgeben. Ethische Bedenken erstrecken sich auf die möglichen unvorhergesehenen Auswirkungen biotechnologischer Eingriffe. Während wir genetische Codes manipulieren und die Energie der Molekularbiologie nutzen, klingen die Echos von Frankensteins warnender Geschichte nach. Die Gesellschaft ringt mit Fragen der Verantwortung: Werden wir uns der Folgen unserer Eingriffe bewusst sein? Wie gelingt uns die Balance zwischen medizinischer Neugier und dem Gebot, unbeabsichtigte Schäden zu minimieren?

Inmitten der komplexen ethischen Landschaft der Biotechnologie zeichnet sich eine Synthese moralischen Bewusstseins ab – ein Leuchtturm, der die medizinische Forschung lenkt. Die Gesellschaft erkennt an, dass die Macht der Biotechnologie verantwortungsvoll, demütig und einfühlsam eingesetzt werden sollte. Ethische

Rahmenbedingungen dienen als Kompass, der uns durch unbekannte Gebiete führt und sicherstellt, dass wir, während wir die Möglichkeiten der Biotechnologie nutzen, wachsame Hüter unserer gemeinsamen menschlichen Werte bleiben.

In dieser Symphonie aus Biotechnologie und Ethik ist die Geschichte nicht von Dissonanz, sondern von Resonanz geprägt – einer Harmonie, die das wichtige Zusammenspiel von medizinischer Innovation und ethischer Selbstreflexion unterstreicht. Während die Grenzen der Biotechnologie immer weiter wachsen, dient die Diskussion über Ethik nicht als Dilemma, sondern als Leuchtturm, der sicherstellt, dass medizinische Forschung mit Menschenwürde, Gerechtigkeit und der Achtung der Verbundenheit aller Leben im Einklang steht.

4.2.3 Algorithmische Verzerrung und Diskriminierung

Die zunehmende Integration künstlicher Intelligenz (KI) in verschiedene Sektoren – vom Gesundheitswesen und Finanzwesen bis hin zu Strafjustiz und Einstellungsverfahren – hat große Fortschritte mit sich gebracht. Sie hat jedoch auch schwerwiegende Probleme aufgedeckt, von denen algorithmische Verzerrungen und Diskriminierung zu den dringlichsten zählen. Algorithmische Verzerrungen bezeichnen systematische und unfaire Diskriminierung, die durch die Verwendung von Algorithmen entsteht. Diese werden oft versehentlich so gestaltet, dass sie bestehende soziale Ungleichheiten aufrechterhalten oder sogar verstärken. Diese Verzerrungen können durch die zum Trainieren von KI-Modellen verwendeten Daten, die von den Entwicklern getroffenen Designentscheidungen oder die inhärenten Barrieren der Algorithmen selbst entstehen. Das Verständnis und die Bekämpfung algorithmischer Verzerrungen ist entscheidend, um sicherzustellen, dass KI-Systeme fair, ethisch und gerecht sind.

Algorithmische Verzerrungen entstehen nicht aus dem Nichts – sie sind ein Spiegelbild von Verzerrungen, die in den Datensätzen, im Layout der Version oder in gesellschaftlichen Systemen vorhanden sind und diese Systeme beeinflussen. Es gibt zahlreiche Schlüsselfaktoren, die zur Entstehung von Verzerrungen in KI-Systemen beitragen:

1. Verzerrte Trainingsdaten: Eine der Hauptquellen algorithmischer Verzerrungen liegt in den Daten, die zum Training von KI-Systemen verwendet werden. Enthalten die Trainingsdaten verzerrte Muster – darunter historische Fakten, die diskriminierende Praktiken oder ungleiche Behandlung verschiedener Stellen belegen –, wird das KI-Modell diese Verzerrungen wahrscheinlich lernen und reproduzieren. Wenn beispielsweise ein KI-Gerät, das im Personalwesen eingesetzt wird, auf historischen Einstellungsstatistiken basiert, die ein Geschlecht oder eine ethnische Zugehörigkeit überproportional bevorzugen, kann das Modell diese

Verzerrungen auch durch die Auswahl von Kandidaten mit vergleichbaren Merkmalen widerspiegeln.

Dieses Problem ist besonders komplex, wenn die Bildungsdaten auf traditionellen Entscheidungen oder Verhaltensweisen beruhen, die durch Vorurteile beeinflusst wurden. Im Strafrechtssystem beispielsweise könnten KI-Systeme, die anhand von Verhaftungs- oder Verurteilungsstatistiken trainiert werden, höhere Kriminalitätsraten in bestimmten Bevölkerungsgruppen vorhersagen. Dadurch werden rassistische Stereotype aufrechterhalten und bestehende Ungleichheiten im Justizsystem verstärkt.

2. Repräsentationsverzerrung: Eine weitere Ursache für algorithmische Verzerrungen ist die Unterrepräsentation bestimmter Organisationen in Bildungsstatistiken. In vielen KI-Anwendungen, insbesondere in Bereichen wie Gesichtserkennung und wissenschaftlichen Studien, sind bestimmte demografische Gruppen – darunter Frauen, People of Color oder Menschen aus sozial schwachen Schichten – häufig unterrepräsentiert. Sind diese Organisationen nicht ausreichend repräsentiert, können KI-Modelle bei der Erstellung von Vorhersagen oder Entscheidungen für die Mitglieder dieser Organisationen schlechte oder ungenaue Ergebnisse liefern. Dies kann zu Fehldiagnosen im Gesundheitswesen, unrechtmäßigen Verhaftungen in der Strafjustiz oder voreingenommenen Empfehlungen bei der

Einstellung von Mitarbeitern und der Kreditwürdigkeitsprüfung führen.

3. Verzerrung bei Modelldesign und Merkmalsauswahl: Selbst wenn die Daten unabhängig sind, kann die Gestaltung des Regelwerks selbst zu Verzerrungen beitragen. Entwickler können auch unbeabsichtigt Modelle erstellen, die bestimmte Merkmale oder Variablen aufgrund eigener Annahmen oder Möglichkeiten gegenüber anderen priorisieren. Beispielsweise könnte ein Regelwerk in einem Kredit-Scoring-System bestimmte Finanzvariablen, einschließlich der Kreditwürdigkeitsauskunft, stärker gewichten, was Menschen benachteiligen kann, die systematisch von traditionellen Bankstrukturen ausgeschlossen wurden. Diese Designentscheidungen können Ungleichheit verschärfen und Auswirkungen haben, die marginalisierte Gemeinschaften überproportional schädigen.

4. Rückkopplungsschleifen und Verstärkung von Voreingenommenheit: Sobald ein Algorithmus eingesetzt wird und Entscheidungen trifft, kann er Rückkopplungsschleifen erzeugen, die bestehende Voreingenommenheiten verstärken. Beispielsweise wird KI in Predictive-Policing-Systemen eingesetzt, um Polizeikräfte auf der Grundlage historischer Kriminalitätsaufzeichnungen bestimmten Stadtteilen zuzuweisen. Wird das Modell mit verzerrten Daten trainiert, kann es die Aufmerksamkeit der Polizei verstärkt auf Gebiete mit höherer Kriminalitätsrate lenken, die sich oft als

einkommensschwache Viertel oder Wohngebiete mit farbigen Bevölkerungsgruppen herausstellen. Infolgedessen kommt es in diesen Regionen zu mehr Verhaftungen, was die Daten zusätzlich verzerrt und einen Kreislauf aus übermäßiger Polizeipräsenz und Diskriminierung aufrechterhält.

Die Folgen algorithmischer Verzerrung sind tiefgreifend und weitreichend. Da KI-Systeme zunehmend in Entscheidungsprozesse in verschiedenen Sektoren integriert werden, können voreingenommene Algorithmen zu Diskriminierung, Ungleichheit und Ausgrenzung bestimmter Akteure führen. Besonders gefährlich können die Folgen in Bereichen wie Strafjustiz, Gesundheitswesen, Beschäftigung und Wirtschaftsdienstleistungen sein, wo voreingenommene Entscheidungen lebensverändernde Auswirkungen haben können.

1. Strafjustiz: Algorithmische Verzerrungen in Strafjustizstrukturen, zu denen auch Instrumente zur Risikobewertung zur Rückfallvorhersage gehören, haben enorme Probleme aufgeworfen. Diese Instrumente, die Richtern und Bewährungshelfern dabei helfen sollen, das Rückfallrisiko eines Angeklagten zu ermitteln, stufen Schwarze und Latinos nachweislich überproportional als Hochrisikogruppe ein, selbst wenn Faktoren wie frühere Straftaten berücksichtigt werden. Diese Verzerrung kann zu härteren Strafen, unfairen Bewährungsentscheidungen und

einer Überrepräsentation marginalisierter Gruppen in Gefängnissen führen.

2. Gesundheitswesen: Im Gesundheitswesen können voreingenommene Algorithmen zu Fehldiagnosen, ungleichem Zugang zur Gesundheitsversorgung und unterschiedlichen Behandlungsergebnissen führen. Eine Studie ergab beispielsweise, dass ein bekanntes KI-System, das zur Entscheidung darüber eingesetzt wurde, welche Patienten zusätzliche Gesundheitsleistungen benötigen, schwarzen Patienten seltener eine Behandlung empfahl, obwohl diese die gleichen medizinischen Bedürfnisse wie weiße Patienten hatten. Dies lag teilweise daran, dass das System mit Daten trainiert wurde, die historische Ungleichheiten beim Zugang zur Gesundheitsversorgung und bei der Behandlung berücksichtigten.

3. Einstellung und Beschäftigung: Im Einstellungssystem können KI-gesteuerte Rekrutierungstools Frauen, Menschen mit dunkler Hautfarbe und andere unterrepräsentierte Organisationen unbeabsichtigt diskriminieren. So stellte sich beispielsweise heraus, dass ein KI-gestütztes Tool, das von einem führenden Technologieunternehmen zur Sichtung von Lebensläufen eingesetzt wurde, männlichen Bewerbern gegenüber weiblichen Bewerbern den Vorzug gab. Dies lag vermutlich daran, dass das Tool mit einem Datensatz trainiert wurde, der das Geschlechterungleichgewicht in der Technologiebranche berücksichtigte. Diese Art der

Voreingenommenheit kann bestehende geschlechtsspezifische und ethnische Ungleichheiten in der Belegschaft verewigen und es Menschen aus marginalisierten Organisationen erschweren, stabile Beschäftigungsmöglichkeiten zu finden.

4. Kredit- und Finanzdienstleistungen: Im Finanzdienstleistungssektor werden KI-Algorithmen häufig zur Beurteilung der Kreditwürdigkeit und zur Kreditvergabe eingesetzt. Voreingenommene Algorithmen können jedoch dazu führen, dass bestimmte Unternehmen, darunter Minderheiten oder Menschen mit geringem Einkommen, unfair behandelt werden, indem ihnen der Zugang zu Krediten verweigert oder Kredite zu höheren Zinssätzen angeboten werden. Beispielsweise kann ein Algorithmus, der auf Daten basiert, die historische Voreingenommenheit bei der Kreditvergabe widerspiegeln, auch Antragsteller aus benachteiligten Bevölkerungsgruppen unfair benachteiligen und so die finanzielle Ungleichheit verfestigen.

Angesichts der tiefgreifenden Auswirkungen algorithmischer Verzerrungen ist es wichtig, dieses Problem anzugehen, um faire und gerechte KI-Systeme zu gewährleisten. Um Verzerrungen in der KI zu mildern, können verschiedene Techniken eingesetzt werden, darunter die folgenden:

1. Vielfältige und repräsentative Daten: Einer der wichtigsten Schritte zur Reduzierung algorithmischer Verzerrungen besteht darin, sicherzustellen, dass die zur

Schulung von KI-Modellen verwendeten Daten vielfältig und repräsentativ für alle relevanten demografischen Gruppen sind. Dies erfordert die Sammlung von Daten, die die tatsächliche Bevölkerungsvielfalt angemessen widerspiegeln, und die sorgfältige Berücksichtigung der Repräsentanz verschiedener Unternehmen im Bildungsbereich. Darüber hinaus ist es wichtig, verzerrte Datenpunkte zu erkennen und zu vermeiden, die die Ergebnisse verfälschen könnten.

2. Erkennung und Prüfung von Voreingenommenheit: Um Voreingenommenheit in KI-Modellen zu erkennen und zu korrigieren, können Entwickler und Organisationen regelmäßige Audits und Fairness-Checks durchführen. Dazu gehört auch, das Modell an verschiedenen demografischen Gruppen zu testen, um festzustellen, ob es diskriminierende Auswirkungen hat. Transparenz in der KI-Entwicklung und der Einsatz von Tools zur Voreingenommenheitserkennung können helfen, versteckte Voreingenommenheiten zu erkennen und Entwicklern ermöglichen, vor der Bereitstellung der Maschine Anpassungen vorzunehmen.

3. Algorithmische Transparenz und Erklärbarkeit: Um Verzerrungen entgegenzuwirken, ist es entscheidend, sicherzustellen, dass KI-Systeme transparent und erklärbar sind. Wenn KI-Modelle Entscheidungen treffen, ist es für Entscheidungsträger entscheidend zu verstehen, wie das Modell zu seinen Schlussfolgerungen gelangt ist. Dies kann dazu beitragen, potenzielle Verzerrungsquellen zu erkennen

und Korrekturmaßnahmen zu ermöglichen. Techniken wie erklärbare KI (XAI) können dazu beitragen, komplexe KI-Modelle verständlicher und zugänglicher zu machen und es Stakeholdern ermöglichen, ihre Fairness und Zuverlässigkeit zu bewerten.

4. Berücksichtigung ethischer und sozialer Aspekte: Entwickler und Unternehmen sollten bei der Entwicklung von KI-Systemen ethische Aspekte berücksichtigen. Dazu gehört die Berücksichtigung der möglichen sozialen und finanziellen Auswirkungen von KI-Entscheidungen und die Sicherstellung, dass das Modell der breiten Öffentlichkeit dient. Ethische Richtlinien und Rahmenbedingungen können Entwicklern helfen, fundierte Entscheidungen über den Einsatz von KI-Systemen zu treffen und unbeabsichtigte Folgen zu vermeiden.

5. Einbindung von Stakeholdern und marginalisierten Gruppen: Um algorithmischen Verzerrungen entgegenzuwirken, ist es wichtig, Stakeholder, insbesondere aus marginalisierten Gruppen, in die Entwicklung und den Einsatz von KI-Systemen einzubeziehen. Durch die Einbeziehung unterschiedlicher Perspektiven können Entwickler die potenziellen Risiken und Folgen von KI-Entscheidungen besser verstehen und sicherstellen, dass Strukturen so gestaltet werden, dass Gerechtigkeit und Inklusivität gefördert werden.

Algorithmische Verzerrungen sind eine der größten Herausforderungen bei der Entwicklung und Bereitstellung von KI-Systemen. KI verfügt zwar über enorme Fähigkeiten,

Branchen zu verändern und Leben zu verbessern, muss jedoch mit Vorsicht und der Verpflichtung umgesetzt werden, die Aufrechterhaltung bestehender Vorurteile und Ungleichheiten zu verhindern. Die Bekämpfung algorithmischer Verzerrungen erfordert einen vielschichtigen Ansatz, der verschiedene Fakten, offensichtliche Prozesse, alltägliche Prüfungen und ethische Fragen umfasst. Mit diesen Schritten ist es möglich, KI-Systeme zu entwickeln, die nicht nur effektiv, sondern auch wahrheitsgetreu, gerecht und fair sind.

4.3 Nachhaltigkeit und Technologie

4.3.1 Umweltauswirkungen der Technologie

Im komplexen Spannungsfeld zwischen technologischem Fortschritt und Ökosystem entsteht ein differenziertes Zusammenspiel von Antworten und Herausforderungen – eine Erinnerung daran, dass der Entwicklungsverlauf nicht immer frei von ökologischen Bedenken ist. Die Einführung innovativer Technologien wirft auch ihre Schatten auf die Umwelt und zwingt die Gesellschaft zu einem sensiblen Balanceakt zwischen Wachstum und Nachhaltigkeit.

Die zunehmende Verbreitung digitaler Geräte hat ein neues Problem aufgeworfen: die drohende Gefahr des Elektroschrotts. Da Geräte für unseren modernen Lebensstil unverzichtbar werden, werden ihre Herstellung und

Entsorgung zu einem Umweltproblem. Die Gewinnung von Rohstoffen und der energieintensive Herstellungsprozess tragen zum CO_2-Fußabdruck bei. Zudem birgt die Entsorgung von Elektroschrott am Ende ihres Lebenszyklus Gefahren, da gefährliche Stoffe in die Umwelt gelangen. Es stellt sich die Frage: Wie lässt sich die Attraktivität des technologischen Fortschritts mit einer verantwortungsvollen Nutzung und Abfallwirtschaft vereinbaren?

Die digitale Technologie bringt Datenzentren hervor, die Motoren der digitalen Landschaft. Doch während diese Einrichtungen den regelmäßigen Datenfluss bewältigen, verbrauchen sie auch enorme Mengen Strom. Die Umweltauswirkungen des Stromverbrauchs sind unbestreitbar und führen zur Erforschung erneuerbarer Stromquellen und stromsparender Technologien zur Reduzierung des CO_2-Fußabdrucks. Dabei verlagert sich der Fokus von der Bewunderung datengetriebener Innovationen hin zur Kritik der damit verbundenen Umweltkosten.

Die ökologischen Auswirkungen der Technologie machen ihr Transformationspotenzial deutlich. Der Schlüssel liegt in nachhaltigem Design – einem Kompass, der die Entwicklung von Technologien lenkt, die heute nicht nur Probleme lösen, sondern auch verantwortungsvollen Umgang mit der Umwelt ermöglichen. Durch die Verschmelzung von Innovation und Nachhaltigkeit entsteht ein neues Paradigma bewussten Designs, das Produkte und Systeme entwickelt, die

Abfall minimieren, Ressourcen optimieren und eine Kreislaufwirtschaft fördern.

In dieser komplexen Symphonie aus Technologie und Umwelt werden Recyclingprojekte zu Hoffnungsträgern. Die Rückgewinnung und Wiederverwendung von Elektroschrott bietet die Möglichkeit, die Umweltbelastung zu mindern und Abfall in Wertstoffe umzuwandeln. Gleichzeitig findet in der Gesellschaft eine Debatte über bewussten Konsum statt, die das Verhältnis zwischen Mensch und Technologie neu definiert. Die Suche nach neuen Geräten wird durch das Bewusstsein für ihre ökologischen Auswirkungen gemildert.

In dieser Erzählung von Umwelteinflüssen und technologischer Entwicklung entscheidet man sich nicht für Stagnation, sondern für Evolution – ein harmonischer Tanz, der die Fortschritte der Generation feiert und gleichzeitig ihre ökologischen Schattenseiten anerkennt. Bei der Durchquerung dieses komplexen Panoramas geht es nicht darum, den Fortschritt aufzuhalten, sondern seine Richtung in eine Zukunft umzulenken, in der Innovation mit Nachhaltigkeit einhergeht und die Schritte der Ära nicht nur die Echos der Entwicklung, sondern auch das Erbe verantwortungsvoller Verwaltung für kommende Generationen hinterlassen.

4.3.2 Erneuerbare Energien und saubere Technologien

Inmitten des komplexen Spannungsfelds zwischen Erzeugung und Umweltsorgen kristallisiert sich ein Wunsch heraus: erneuerbare Energien und saubere Technologien. Ein Blick in die Welt der Möglichkeiten offenbart ein Geflecht aus Innovation und Transformation, das einen Weg in eine nachhaltige Zukunft eröffnet, in der die Energie der Erzeugung zum Katalysator für einen guten Wandel wird.

Die strahlende Sonne und die Kraft des Windes bieten erneuerbare Stromquellen, die sich der Erschöpfung entziehen – Solarmodule und Windmühlen zeugen vom Einklang zwischen menschlichem Einfallsreichtum und den Gaben der Natur. Diese Technologien nutzen saubere, unerschöpfliche Energiequellen und ermöglichen eine Zukunft, in der Strom ohne CO_2-Emissionen und begrenzte Ressourcen erzeugt wird. Die Geschichte verlagert sich von der Abhängigkeit von fossilen Brennstoffen hin zu einer Nutzung erneuerbarer Energien im Einklang mit der Umwelt.

Die Symphonie erneuerbarer Energien wird durch den Einsatz moderner Energiespeichersysteme noch verstärkt. Batterien und Speichertechnologien erfassen überschüssige Energie während der Spitzenproduktion und geben sie bei Bedarf wieder ab. Dadurch werden Energieschwankungen gemildert und eine gleichmäßige Stromversorgung ermöglicht. Die Energieverteilungslandschaft entwickelt sich weiter, bietet

Widerstandsfähigkeit gegenüber ökologischen Herausforderungen und legt den Grundstein für dezentrale, nachhaltige Energienetze.

Die Technologie erstreckt sich auch auf die Abfallwirtschaft, wo Innovationen Müll in eine Ressource verwandeln. Fortschrittliche Abfall-zu-Strom-Technologien wandeln organische Abfälle in Biogas und Biokraftstoffe um, entlasten Deponien und schaffen eine alternative Energieversorgung. Diese Innovation verbindet sich mit Umweltschutz und läutet eine Zukunft ein, in der Abfall zum Katalysator für nachhaltige Energieerzeugung wird.

In dieser Geschichte von erneuerbarer Energie und sauberer Technologie steht der Ethos der Nachhaltigkeit im Mittelpunkt. Die Evolution der Technologie bedeutet nicht nur, Grenzen zu überwinden, sondern auch unsere Beziehung zur Umwelt neu auszurichten. Der Aufstieg nachhaltiger Technologien zeichnet eine Zukunft, in der ökologisches Wohlbefinden und technologischer Fortschritt nicht im Widerspruch zueinander stehen, sondern harmonisch harmonieren – in der die Symphonie der Innovation im Einklang mit dem Rhythmus der Natur steht.

Auf diesem Weg der Transformation verschmelzen die Herausforderungen der technologischen Entwicklung mit den Möglichkeiten für eine bessere Zukunft. Die Zusammenarbeit von menschlichem Geist und künstlicher Intelligenz, die ethische Erforschung der Biotechnologie und die Bedeutung der Nachhaltigkeit verschmelzen zu einem Fahrplan, der kurzfristige Erfolge zugunsten nachhaltiger Entwicklung überwindet. Die Geschichte ist geprägt von Synergie, in der das Potenzial der Generation zu einer Kraft wird, die die Gesellschaft erhebt, erhält und vorantreibt – hin zu einem Schicksal, das nicht nur von Innovation geprägt ist, sondern auch von der verantwortungsvollen Anwendung dieser Innovation zum Wohle des Planeten und all seiner Bewohner.

4.3.3 Kreislaufwirtschaft und technologische Innovation

Die traditionelle lineare Wirtschaft, die nach dem Prinzip „Nehmen, Produzieren, Wegwerfen" funktioniert, hat zu einem nicht nachhaltigen Ressourcenverbrauch und damit zu mehr Abfall und Umweltzerstörung beigetragen. Dieses System führte oft zu einem einseitigen Materialfluss vom Rohstoff bis zum fertigen Produkt, wobei dem Produktlebenszyklus und der Abfallwirtschaft nur wenig Beachtung geschenkt wurde. Im Gegensatz dazu bietet die Kreislaufwirtschaft einen transformativen Ansatz, der sich auf die Reduzierung von Abfall, die Maximierung des Warenwerts und die Förderung der Nachhaltigkeit durch eine möglichst lange Nutzungsdauer von Gütern konzentriert. Sie zielt darauf ab, sich vom konventionellen Modell zu lösen und stattdessen auf Wiederverwendung, Recycling und Wiederaufbereitung zu setzen, um langfristig ein regeneratives System zu entwickeln, das sowohl der Umwelt als auch der Wirtschaft zugutekommt.

Technologische Innovationen sind eine wichtige Triebkraft der Kreislaufwirtschaft. Sie ermöglichen den verstärkten Einsatz umweltfreundlicher Hilfsmittel, Abfallreduzierung und die Entwicklung nachhaltiger Dienstleistungen und Produkte. Von fortschrittlichen Recyclingtechnologien bis hin zu neuen Geschäftsmodellen sind technologische Fortschritte für den Übergang hin zu einer Kreislaufwirtschaft von entscheidender Bedeutung.

Die Recyclingtechnologie hat sich in den letzten Jahrzehnten drastisch weiterentwickelt, angetrieben vom Wunsch, die wachsenden Bedenken hinsichtlich Abfallansammlung und Ressourcenknappheit zu bekämpfen. In der Kreislaufwirtschaft ist grünes Recycling wichtig, da es den Bedarf an der Gewinnung neuer Rohstoffe reduziert und die Umweltbelastung minimiert. Technologische Fortschritte ermöglichen eine gezieltere Sortierung, Verarbeitung und Wiederverwendung von Materialien. So werden Abfälle zu wertvollen Ressourcen, die wieder in den Produktionsprozess integriert werden können.

Eine wichtige Entwicklung im Recycling ist die Entwicklung automatischer Sortiertechnologien. Fortschrittliche Sensoren, maschinelle Lernalgorithmen und Roboter werden eingesetzt, um verschiedene Abfallstoffe zu erkennen, zu sortieren und zu trennen und so die Effizienz von

Recyclingverfahren zu steigern. KI-gestützte Sortiersysteme können beispielsweise zwischen verschiedenen Kunststoffarten oder Metallen unterscheiden, wodurch die Reinheit der recycelten Stoffe deutlich erhöht und Verunreinigungen im Recyclingstrom reduziert werden. Darüber hinaus ermöglichen Verbesserungen bei chemischen Recyclingverfahren die Zerlegung komplexer Materialien wie Kunststoffmischungen in ihre ursprünglichen Monomere, die zur Herstellung neuer Produkte wiederverwendet werden können.

Ein weiterer wichtiger technologischer Fortschritt im Recycling ist die Entwicklung geschlossener Kreisläufe, insbesondere für Materialien wie Aluminium und Stahl. Diese Metalle können unendlich oft recycelt werden, ohne dass die Qualität abnimmt, und eignen sich daher ideal für Anwendungen in der Kreislaufwirtschaft. Technologische Innovationen bei Schmelz- und Raffinationsprozessen ermöglichen ein effizienteres Recycling dieser Materialien, wodurch der Bedarf an Rohstoffgewinnung reduziert und die produktionsbedingten $CO2$-Emissionen minimiert werden.

Ein Schlüsselprinzip der Kreislaufwirtschaft ist die Entwicklung langlebiger, reparierbarer und leicht zerlegbarer Produkte, die die Wiederverwendung und das Recycling der Materialien am Ende ihrer Lebensdauer erleichtern. Technologische Fortschritte spielen eine entscheidende Rolle bei der Neugestaltung von Produktkonzeption, -design und -herstellung.

Eine bemerkenswerte Innovation ist das modulare Design. Dabei werden Produkte mit austauschbaren Komponenten hergestellt, die problemlos repariert, aufgerüstet oder ersetzt werden können. Modulare Smartphones ermöglichen es beispielsweise, einzelne Komponenten – wie Akku, Display oder Kamera – auszutauschen, anstatt das gesamte Gerät zu entsorgen. Diese Strategie verlängert nicht nur die Lebensdauer des Produkts, sondern reduziert auch den Bedarf an neuen Materialien für die Herstellung von Ersatzteilen.

Ein weiterer Bereich, in dem die Technologie auf Kreislaufwirtschaft setzt, ist die additive Fertigung bzw. der 3D-Druck. Diese Technologie ermöglicht die schichtweise Herstellung von Produkten, wobei nur die benötigte Materialmenge verwendet wird, wodurch Abfall im gesamten Produktionsprozess reduziert wird. Darüber hinaus ermöglicht der 3D-Druck die Gestaltung komplexer Geometrien, die mit herkömmlichen Methoden nur schwer oder gar nicht realisierbar sind. Dies eröffnet Möglichkeiten für eine effizientere Materialnutzung und ermöglicht die Herstellung maßgeschneiderter, reparierbarer Produkte.

Digitale Technologien, darunter virtuelle Zwillinge und Blockchain, spielen ebenfalls eine wichtige Rolle in der Kreislaufwirtschaft. Ein digitaler Zwilling ist eine virtuelle Version eines physischen Produkts oder Systems, die Echtzeitinformationen zu dessen Zustand und Leistung liefert.

Diese Daten können genutzt werden, um die Nutzung des Produkts zu optimieren, den Wartungsbedarf vorherzusagen und Möglichkeiten zur Wiederverwendung oder Aufarbeitung zu identifizieren. Blockchain wird jedoch auch auf seine Fähigkeit untersucht, transparente, nachvollziehbare Lieferketten zu schaffen, die den Fluss von Materialien und Produkten verfolgen und sicherstellen, dass sie am Ende ihrer Lebensdauer recycelt oder wiederverwendet werden.

Technologische Innovationen ermöglichen zudem die Entwicklung neuer Geschäftsmodelle, die die Konzepte der Kreislaufwirtschaft unterstützen. Diese Modelle verlagern sich von traditionellen, besitzbasierten Transaktionen und Wertschöpfung und konzentrieren sich stattdessen auf die Wertsteigerung durch die kontinuierliche Nutzung und Wiederverwendung von Produkten und Materialien. Wichtige Kreislaufwirtschaftsmodelle umfassen Produkte als Träger, Rücknahmesysteme und Wiederaufbereitung.

Product-as-a-Service ist ein innovatives Geschäftsmodell, bei dem Unternehmen das Eigentum an ihren Produkten behalten und diese als Dienstleistungen anbieten. Dieses Modell ermutigt Unternehmen, langlebige, leicht reparierbare und aufrüstbare Produkte zu entwickeln, da sie für die Wartung und Handhabung des Produkts während seines gesamten Lebenszyklus verantwortlich sind. Beispielsweise können Unternehmen, die Beleuchtung als Dienstleistung anbieten, das Eigentum an der

Beleuchtungsausrüstung behalten und deren Nutzung fördern, sodass die Produkte am Ende ihrer Lebensdauer wiederverwendet oder recycelt werden können.

Rücknahmesysteme sind ein weiteres Kreislaufwirtschaftsmodell, bei dem Hersteller am Ende ihrer Lebensdauer die Verantwortung für ihre Produkte übernehmen. Einige Elektronikkonzerne haben beispielsweise Programme eingerichtet, über die Verbraucher ihre alten Geräte zum Recycling oder zur Wiederaufbereitung zurückgeben können. Technologische Lösungen wie automatische Sammelsysteme oder Überwachungssoftware ermöglichen die effiziente Umsetzung dieser Programme und erleichtern Verbrauchern die Teilnahme an Kreislaufprozessen.

Die Wiederaufbereitung, also die Wiederherstellung gebrauchter Produkte in einen neuwertigen Zustand, ist ein weiterer Bereich, in dem technologische Innovationen die Wirtschaft vorantreiben. Fortschrittliche Diagnosetools, Präzisionstechnik und 3D-Scan-Technologien ermöglichen es Herstellern, Produkte mit hoher Präzision wiederaufzubereiten und so die Lebensdauer von Produkten wie Autoteilen, Industrieausrüstung und Elektronik zu verlängern. Dieser Ansatz reduziert den Bedarf an neuen Materialien und Energieträgern und trägt so zur Verringerung der Umweltbelastung bei.

Neben dem individuellen Produktdesign und den Geschäftsmodellen verändert technologische Innovation auch die Funktionsweise von Lieferketten. Kreislauflieferketten priorisieren die Wiederverwendung, das Recycling und die gemeinsame Nutzung von Materialien und Produkten, wodurch der Bedarf an neuen Ressourcen reduziert und Abfall minimiert wird. Technologien wie das Internet der Dinge (IoT), künstliche Intelligenz (KI) und Big Data Analytics ermöglichen es Unternehmen, Produkte und Materialien entlang der Lieferkette zu verfolgen und so sicherzustellen, dass Ressourcen maximiert und Abfall minimiert werden.

IoT-Geräte können beispielsweise den Zustand von Waren auf ihrem Weg durch die Lieferkette anzeigen und Echtzeitinformationen zu ihrem Standort, ihrer Nutzung und ihrem Wartungsbedarf liefern. KI-gestützte Systeme können diese Daten analysieren, um die Bestandskontrolle zu optimieren, Produktlebenszyklen vorherzusagen und Recycling- oder Wiederverwendungsmöglichkeiten zu erkennen. Big-Data-Analysen können auch genutzt werden, um die Umweltauswirkungen verschiedener Materialien zu bewerten und Unternehmen bei der Auswahl nachhaltigerer Optionen zu unterstützen.

Kollaborativer Konsum, auch Sharing Economy genannt, ist ein weiterer wachsender Trend, der durch Technologien unterstützt wird, die die Kreislaufwirtschaft fördern. Plattformen zum Teilen von Waren und Dienstleistungen – darunter Carsharing-Dienste oder Peer-to-Peer-Mietsysteme – ermöglichen es Nutzern, auf Produkte zuzugreifen, ohne sie vollständig zu besitzen. Dies reduziert den Bedarf an Neuproduktion und minimiert Abfall. Technologie ermöglicht das Wachstum dieser Plattformen, indem sie die notwendige Infrastruktur bereitstellt, um Nutzer zu vernetzen, Transaktionen abzuwickeln und eine effiziente und verantwortungsvolle Produktnutzung sicherzustellen.

Das verbleibende Ziel der Kreislaufwirtschaft besteht darin, ein System zu schaffen, das sowohl der Umwelt als auch der Wirtschaft zugutekommt, indem es den Ressourcenverbrauch, den Abfall und die Umweltverschmutzung reduziert. Technologische Innovationen spielen dabei eine entscheidende Rolle, da sie nachhaltigere Praktiken in verschiedenen Branchen ermöglichen.

So sind beispielsweise erneuerbare Energietechnologien, darunter Solar- und Windenergie, für die Vision der Kreislaufwirtschaft, die Umweltauswirkungen von Produktionsprozessen zu verringern, wertvoll. Durch die Nutzung erneuerbarer Energiequellen können Unternehmen ihren CO_2-Fußabdruck und ihre Abhängigkeit von endlichen Ressourcen reduzieren und so zur allgemeinen Nachhaltigkeit der Wirtschaft beitragen.

Darüber hinaus ermöglichen technologische Innovationen in der grünen Chemie und bei nachhaltigen Materialien die Entwicklung umweltfreundlicherer Produkte. Biologisch abbaubare Kunststoffe, nachhaltige Textilien und umweltfreundliche Verpackungen sind Beispiele für Materialien, die im Sinne einer Kreislaufwirtschaft entwickelt werden und den Bedarf an traditionellen, ressourcenintensiven Lösungen verringern.

Technologische Innovationen bilden das Herzstück der Kreislaufwirtschaft. Sie liefern die notwendigen Geräte und Lösungen, um den Ressourcenkreislauf zu schließen und die Umweltbelastung zu reduzieren. Von fortschrittlichen Recyclingtechnologien und Produktdesign-Innovationen bis hin zu neuen Geschäftsmodellen und nachhaltigen Lieferketten ermöglicht Technologie den Wandel hin zu einer nachhaltigeren, regenerativen Wirtschaft. Da die Industrie weiterhin Kreislaufkonzepte verfolgt, werden technologische Verbesserungen eine immer wichtigere Rolle bei der Förderung von Nachhaltigkeit, der Abfallreduzierung und der Schaffung einer gerechteren und umweltfreundlicheren Zukunft spielen.